Владимир Шпанер

НЕСКАЗАННОЕ В ПРОЗЕ

ISBN 978-0-692-05502-1

Первое издание

Автор текста: Владимир Шпанер

Издатель: Александр Шпанер
Сан-Диего, США
ashpaner@hotmail.com

Оформление и дизайн: Александр Шпанер

Типография:
Lightning Source LLC
1246 Heil Quaker Boulevard,
LaVergne, Tennessee 37086, USA
(615) 213-5815

Фотографии: Все фотографии в этой книге являются интеллектуальной собственностью автора и издателя, за исключением следующих:
7-я страница:
Elke Wetzig (Elya); https://uk.wikipedia.org/wiki/Файл:Ivan_fedorov_monument_lviv_20060602.jpg
271-я страница: Michael A. Stecker; http://mstecker.com
280-я страница:
https://camprest-prod.s3.amazonaws.com/media/images/2014/3/7/2ec25221-b551-4324-a56a-d284e75365f2.jpg
296-я страница: http://img.kievgrad-tour.com/058/004/domonokanskijsobor.jpg
310-я страница: https://weatlas.com/landmarks/562
361-я страница: https://www.goodfon.com/download/ukraina-lvov-dominikanskiy/2265x1500/

Дизайн обложки: Александр Шпанер. Иллюстрации, использованые для создания обложки, были получены с http://www.dreamstime.com/ в соответствии с лицензией общего пользования, © Creative Commons Zero (CC0) (изображение 98271522), а также, ограниченной бесплатной лицензией, Royalty-free limited license (RF-LL) © Elena Schweitzer ID 5709014.

Я посвящаю этот сборник стихов, прежде всего, моей дорогой жене, Рите. Мы с ней вместе уже более 45-ти лет и, все эти годы она была и остаётся моей первой слушательницей и моим строгим “цензором”.

Также, эта книга – в память о моих прекрасных родителях: папе Лёне и маме Фане. Я – их единственный, “поздний” ребёнок, родившийся в послевоенные годы, в их вновь

созданной после страшных лишений семье. Я рос в атмосфере любви

и взаимопонимания. Я безгранично благодарен им за те добрые чувства и навыки, которыми они наделили меня. У меня остались воспоминания о моём отце, как об очень грамотном, культурном, тонком и талантливом человеке. Он очень красиво писал письма, а иногда и стихи. Их было не так уж и много, но были они трогательными и задушевными. К большому сожалению практически ничего не сохранилось.

Также, я хочу посвятить эту книгу моим сыновьям Александру и Леониду. Они всегда вдохновляли меня и, довольно часто я писал под впечатлением от общения с ними.

Леонид и Александр

Выражаю особую благодарность моему старшему сыну, Александру. Он взялся быть моим главным редактором и очень помог мне с изданием этого сборника. Благодаря тому, что он приехал в Америку после окончания средней школы, а, также, благодаря русскоязычному общению здесь, знаний русского языка он не утратил. Более того, Александр и сам “пробует перо”. Он пишет стихи. Из-за обычной нехватки времени стихов у него пока нс много. Мне очень хочется верить, что он станет подолжателем наших семейнных традиций, нашего “хобби”. В конце сборника помещены несколько его стихотворений.

Знакомтесь – это мой муж, Владимир. Я долго думала, как мне написать об авторе этого сборника всё то, что я знаю о его поэтическом даре. Его поэтическое творчество, вернее первые шаги, начались в 13 лет. Это был период становления, какие-то рифмы на бумаге, и они стали филосовским поиском смысла жизни, реакцией на происходящее и всплеск эмоций. Никому не показывая эти стихи, он самоутверждался, и само по себе устанавливалось какое-то равновесие.

Шло время, Владимир окончил школу и переехал из родного города Львова на учёбу в Институт Связи, города Куйбышева. Учился с удовольствием, легко и успешно, за что имел Ленинскую стипендию, и его имя написано золотыми буквами в холле на стене института. В 1972 году окончил институт с красным дипломом. В этом же году мы поженились и, прожив в Куйбышеве 3 года, вернулись во Львов уже втроём (у нас родился наш старший сын, Александр, который сейчас живет и работает врачом в городе Сан-Диего). В 1985 году родился младший сын, Леонид, и настал момент, когда мы задумались о будущем наших детей.

Маргарита и Владимир Шпанер

Приняв очень важное решение, мы переехали жить в США, вернее в неизвестность, без знания языка, работы, денег... Буквально в перый год жизни, в новой обстановке, Владимир начал пробовать писать на английском и, однажды послал свои стихи на конкурс, где и напечатали пару его стихоторений. Рифмы вырывались наружу, и он опять начал писать: сидя в машине, в гостях, за обедом... Поэзия стала отдушиной, где он выражал свои мысли, чувства, настроения. И вот так появился этот сборник, в котором частичка его души и сердца.

Маргарита Шпанер

ГЛАВА 1.

Я ТАК ДАВНО ПИШУ СТИХИ

Памятник Ивану Федорову (украинский и русский первопечатник, деятель восточнославянской культуры), Львов, Украина

Я так давно пишу стихи

Я так давно пишу стихи,
Быть может, даже не плохие.
В них всё о днях моих, лихих
В далёкой жизненной стихие.

В них – о политике, друзьях,
Знакомых, встреченных недавно.
О человеческих чертах,
Порой немыслимо забавных.

Бывают, просто мысли вслух,
О жизни нашей рассужденья.
Я знаю: взгляд мой не потух
И, не подводит настроенье.

В них – про любовь, добро и зло.
И я стараюсь быть открытым.
В них – есть о том, как повезло
Мне в жизни встретить свою Риту.

Моё благодаренье – богу!
Но кто ж нас может упрекнуть,
Что нашу, трудную дорогу
Мы выбирали как-нибудь?

Я видел боль в твоих глазах,
Печаль, надежду и терпенье.
Но, не хочу увидеть страх
И, с обречённостью, смиренье!

В тебе, есть добрая душа
И добродетель, так и “свéтит”.
Ты, и собою хороша!
Как мало есть таких на свете.

Благодарю тебя за то,
Что рядом ты была и есть.
Не сомневается никто:
Твоих заслуг – не перечесть.

Благодарю за каждый час
В днях, про́житых с тобой, совместно.
За то, хотя бы, что у нас
Два сына есть, таких чудесных.

Живём сейчас. Пусть не вернуть
Нам юных лет, того здоровья.
Но пусть всегда, наш в жизни путь,
Сопровождается – Любовью!

А за окном опять сверчок стрекочет

А за окном опять сверчок стрекочет.
Он, также как и я, почти не спит.
Как-будто поделиться очень хочет
Всей тяжестью накопленных обид.

Ведь, как и мы, он – божее созданье,
Но, только в измерении другом.
Как часто су́дьбы, в нашем мирозданьи
Бывают перевёрнуты вверх дном.

Мы в нашем измерении живём.
Что суждено нам, то и принимаем.
Стремится каждый, чтобы был свой дом,
Любовь, семья, всё, как мы понимаем.

Мы продолжаем путь и мы – не ждём,
Когда условия благоприятней станут.
Мы движемся под солнцем и дождём
До пор до тех, как ноги перестанут
Нас слушаться... Наш путь – укажут нам.
И, если будут силы и желанье,
Пока ещё не дали по мозгам, –
Переосмыслим старости брюзжанье.

Хоть мы из теста сделаны другого,
Но плоть и кровь в нас та же, что у вас.
Поверьте, это сто́ит дорого́го:
Вам опыт ценный перенять у нас!

А я хожу не “в юморе”

А я хожу не “в юморе”
Уже который день...
А где-то солнце на́ море
Отбрасывает тень.
Я так хочу увидеться
С несбыточной мечтой.
Мне на кого обидеться,
Что потерял покой?
Что расстерял амбиции,
Которых не вернуть.
И думаешь, годится ли
Так продолжать свой путь?
Мы с прошлыми успехами
Порой так и живём.
“Побря́цывать” доспехами
Совсем не устаём.
А, если юмор – в сторону,
Он, вроде, мрачноват,
Делить всё нужно по́ровну:
Ну, кто тут виноват?
Делить печали, радости
И го́речь, и беду.
Быть может к самой старости
Проснёшься на бегу́.
А бег – такой стремительный,
Бег времени для всех...
И будет, пусть сомнительный,
В конце пути успех.

1980

А кошка сказала собаке

А кошка сказала собаке:
Людско́й молве́ вопреки́,
Давай будем жить без драки;
Мы будем, как голубки́.
Давай помогать друг другу,
Мурлыча пыталась сказать.
Готова любую услугу
Тебе я всегда оказать.
Мы есть из одной можем миски,
Совсем ведь не жадная я.
И то, что годится для киски,
Должно подойти для тебя.
Готова я даже в прогулках
Участвовать вместе с тобой.
Нужду мне справлять в закоулках
Не будет проблемой большой.
А нашим хозевам ну́жно
Всегда и во всём помогать.
Так легче же, вместе и дружно
Приказы их все выполнять.
Достигнем мы, всё́-таки мира,
Спокойного и на-совсем.
И наших хозяев квартира,
Примером служить будет всем.
А что-же сказала собака
В ответ на кошачий призыв?
Котяра была забияка,
Какой у неё есть мотив?
Для жизни кошаче-собачей
Такой добрый мир ей к чему́?
А, если не так всё, – ина́че?
И где здесь подво́х, не пойму.

Собака чего-то пугалась
В кошачье-собачьих делах.
Ей всё это странным казалось
И, в будущем, виделся крах.
А кошка не сомневалась,
Сомнения ей – не под стать.
Осталась лишь самая малость:
С собакой союз подписать...

Декабрь 2016

А мысль прекрасная

А мысль прекрасная:
Что, может, не напрасно я
Приплыл к чужому бе́регу,
Нашёл свою Америку!

Здесь жизнь контрастная
И, не всегда погода ясная.
Здесь всё бывает “А́п энд Даун”
И, часто здесь закрыт “шлагбаум”...

А может, всё-же,
Что-то гложет
На глубине моей души?
Был помоложе,
Не так жизнь про́жил,
Приня́ть решенье не спешил.
Утра́тил грёзы.
Теперь, сквозь слёзы,
Свою я вижу седину.
Скажи мне, “дядя”,
Чего же ради
Я на чужого спину гну?
В том вижу я – свою вину...

Прошло то время.
Учёбы бремя
Я не хотел брать на себя.
Я – не стремился,
Остановился
И, никого винить нельзя.

Примеров – много,
Что есть дорога,
Где свéтят радужно огни.
Кто не боится?
Я вижу лица.
По вúду – счастливы они!

А я хотел бы выпить за

А я хотел бы выпить за
Такие добрые глаза;
За в ямочках двойных улыбку;
За первую в семействе скрипку.
Она – не пи́лит, но играет
И, зачасту́ю вдохноляет
На добрые во всём дела.
Как хочется, что б ты жила́
Как много дольше вместе с нами;
Что б ты здоровою была.
Что б, вместо "Старая карга́"
В 120-ть (тоже мне года)
Звуча́ло: "Ю Ар вэри фанни"!
На "интэрнэшинэл" основе,
На разных языках и "мове"
Я, в двух словах, сказать хочу,
Что жизнь счастливую "влачу́".
Французское "шерше ля фам"
Давно имею. Не отдам
Я никому, и ни за что!
Пусть не пыта́ется никто!
"Ди ост а за́мен шэ́йнэ пу́нэм",
"Ю ар э ри́ал при́тти ву́мэн"!
"Пане́нка е́стэш ты як мло́да",
"Бо то́ е та́ка тво́я вро́да".
"Нэ трэ́ба зо́всим йты до ши́нку,
Колы ты ма́еш га́рну жи́нку"!
"Соло ту́ ми а́блас кон дулзура,
Соло ту́ ми бэ́сас кон терну́ра".
И, всё-же, русский – ближе мне.
Я выпью за твоё здоровье.
Пусть говорят, что истина – в вине,
Бокал мой по́лон лишь любовью!

А я, тебе на Хануку

А я, тебе на Хануку
Куплю “марихуа́нуку”.
И, будем её вместе
С тобою, мы курить.
Забыв и страх и панику,
Употребим органику!
Должны мы этот опыт
С тобою закрепить.
Нельзя брать чудо травку
К салату, как приправку.
Нельзя её ни кушать,
Ни с чаем, заварить.
Один есть только способ,
Попробуй, это – “о́сом”:
Скрутить траву цига́ркой
И, смачно закурить...

Апельсиновая до́лька

Апельсиновая до́лька –
Рядом с апельсина коркой.
Я хочу признаться только,
В том, что было мне так горько.

Этот фрукт, красивый, яркий
Очень любят наши дети.
Я лиши́л себя подарка,
Может лучшего на свете.

Ты прости меня, Мария.
Я во всём себя виню.
Нашей встечи эйфори́я
Была пре́дана огню.

Долго, в поисках вины,
Мы, друг друга укоряли.
Ты же на тропу войны
Встала, без следа́ печали.

Я давно тебя просил
Позабыть о том, что было.
Я твои “грехи” простил,
Ты, мои простить забыла.

Я уроки извлекаю,
Я судьбу́ свою корю.
И, тепе́рь я точно знаю,
Что не скоро полюблю!

Ах, вот если бы знать

Ах, вот если бы знать,
Если б точно знать,
Где же в жизни этой придёться упасть –
В этом месте, мя́гкое стал бы класть,
Подстелил бы, к примеру, соломки.
А так, только приходится, собирать
Лишь обрывки, куски и обломки...

Чтобы этой беды удалось избежать,
Нити веры своей, удержать, не порвать,
Ведь они не прочны́, совершенно то́нки...
Если б только уметь и покрепче держать, –
Обошлось, вероятно бы, без поломки.

То́нкий лёд у реки
Ты, всему вопреки,
Обойди и пройди, по берега кромке.
Ты, богатство своё
Собери, сохрани
И, с собой унеси в небольшой, пусть, котомке.

Ты по жизни иди.
Будет всё впереди:
Зло, добро и счастливые, светлые годы.
Только смелым ты будь,
Никогда не забудь:
Нет в природе одной, лишь прекрасной, погоды.

Вам идти, не свернуть;
Продолжайте свой путь.
Вам, хочу завещать я, мои потомки;
Мне вас не удержать,
Но, хочу твёрдо знать,
Что пройдёте по жи́зни, без единой поломки.

Ах, вы годы мои

Ах, вы годы мои, вы куда так летите?
Я ещё не пожи́л в своём среднем возрасте.
Вы – упрямы, жесто́ки; Доказа́ть мне хотите,
Что лишён совершенно я этой возможности.

Да, я, вроде, и сед и достаточно лыс.
Я давно созерцаю возрастные различия.
Но, скажу я открыто, не из-за кулис:
Бодрость духа во мне – постоянно в наличии.

Да, бывают и срывы, но как же без них?
Не возможно всегда быть в красивом обличии.
Я и добр, и зол. Я спокоен и – псих,
Но стара́юсь вести себя в рамках приличия.

И мой возраст зависит от многих причин,
Но я верю одной возрастной аксиоме,
Что верна́ и для женщин, и для мужчин.
Я советую каждому это запомнить:

Возраст наш исчисляется тем,
Как мы са́ми себе оценить его сможем.
Нет на свете, каких-то особых систем,
Чтобы сделали нас намного моложе.

Сколько лет вам, скажи́те? Вы, – вроде, дедушки!
Я надеюсь, что каждый – молод душой!
Если нас возбуждают милые девушки,
Значит, всё в этой жизни у нас – хорошо!

Ах, уж эти морщины

Ах, уж эти морщины,
Ну куда от них деться?
Я под взглядом мужчины
Не смогла бы раздеться.
Была стройной недавно,
Но, прибавились годы.
С весом, нáбранным плавно,
Как уйти от природы?
Хочешь с весом бороться,
Чтоб смотреться моложе?
К сожаленью, придётся
Созерцать дряблость кожи...
Могут это исправить
Только деньги большие.
Мысль придётся оставить,
Где же взять мне такие?
Нет, всё это – не верно:
В каждом возрасте нашем
Можно выглядеть скверно,
Ну, а можно, и краше.
Было б только желанье,
Результаты – возможны.
Прилагая старанье,
Будьте вы осторожны.
Помню, слышала где-то:
"Всё хорошее – в меру".
Что ж, прибéгну к совету,
Послужу всем примером.
Только больше эффекта
Не от "битвы" с фигурой...
В торжестве интеллекта
Мне б не выглядеть дурой…

Бору́х, Ата́, Адэно́й...

Бору́х, Ата́, Адэно́й...
Сегодня, у нас – выходной.
Не “ша́бэс” и не воскресе́нье,
А День благодаренья!
В сей праздник красивый, осенний
Историю мы вспоминаем.
У предков попросим прощенья:
Порой, мы не всё понима́ем.
Но, памяти дань сохраняя,
Традиции ходят по кругу.
Природы дары собирая,
Мы делимся ими друг с другом.
И мы благода́рны друг другу
Всегда, за любую услугу.
Ошибки других замечаем,
Порою, их просто прощаем...
О, дай ты нам, Бог, терпенья
На многие наши проблемы!
В день нашего Благодаренья
Да будем добрее все мы!
Бору́х, Ата́, Адэно́й...
Америка – дом мой родной.
И я благодарен успехам,
Что ты разделя́ешь со мной!
Бору́х, Ата́, Адэно́й...
Спасибо, за наш выходно́й!

Боря! Ты ушёл внезапно…

Боря! Ты ушёл внезапно…
За тобой закрылись двери,
Но ушёл ты безвозвратно.
Трудно в это нам поверить...
Год прошёл в “мгновенье ока”;
Разные моменты были.
Без тебя, нам – одиноко
И тебя мы не забыли.
Тихим, скромным был, спокойным.
Но таким и нужно быть.
О тебе, как о покойном,
Очень трудно говорить.
Был опорой ты, для Тани,
Для неё ты был надеждой.
Ты ушёл, но Таня – с нами.
Мы всегда её поддержим!

Бывают в жизни увлеченья

Бывают в жизни увлеченья.
Встречаем на своём пути́
Мы радости и огорченья,
И не́куда от них уйти.
Мы радуемся новым встречам,
Знакомствам новым, “се-ля-ви́”,
Но, никогда мы не излечим
Глубокой раны от любви.
Пусть говорят, что существует
Лекарство от любви одно:
Любовь другая. Пусть бушует
В душе у нас, и в сердце, но...
Любовь бывает лишь однажды,
Она волнует, нежит нас.
А кто полюбит в жизни дважды,
Тот не любил и в первый раз.
Что есть любовь, мне расскажите.
Быть может заблуждаюсь я,
Я сомневаюсь я – в на́йтьи:
Верна́ ли логика моя?
По-моему любо́вь – то чувство,
Которое нельзя унять.
И, в том великое искусство,
Чтобы надёжно охранять
Любовь от разных злых влияний,
Которыми богат наш век.
Чтоб не испытывал страданий
Твой, са́мый главный человек.

1984

Был гололёд и был туман

Был гололёд и был туман.
Я спотыкался, плохо видел.
Я по́нял: это всё – обман,
И я, любя, возненавидел
Себя. За то, что робким был,
Решительности не хватило;
За то, что я совсем забыл,
Что так уже когда-то было.
За то, что были лишь слова,
Одни слова, пустые звуки.
Моя седая голова
Обречена́ теперь на муки.
Я сам покоя не хотел
И я искал себе разрядку.
Я так устал от всяких дел,
От этой жизни “по порядку”.
Могу ли я тебе писать,
Пытаясь твой покой нарушить?
И ничего не обещать,
И “лезть с ногами” в твою ду́шу?
Ведь у меня есть дом, семья,
Есть всё, что нужно в наше время.
И я – любим, живу любя,
Всё это – для меня не бремя.
А может это и не глупость,
Что я ищу “вчерашний день”?
В нём запоздалой ласки скупость,
Мгновений и желаний тень...

1986

Был я ровно три недели

Был я ровно три недели
У друзей своих в гостях.
Дни так быстро пролетели,
Словно строчки в новостях.
Был в Америке впервые.
Интересно было знать,
Как живут друзья былые,
Как теперь их называть?
Я летел, я торопился
Повидать своих друзей.
Кто там к берегу прибился?
А кому и жизни всей
Мало, чтоб определиться,
Путь, с достоинством пройти;
Чтобы смог всего добиться,
Самого́ себя найти.
Мир, во многом изменился.
Массу я читал статей.
Вот приехал, убедился
Сколько здесь кипит страстей!
Я не буду врать, конечно,
Что в России всё “путём́”.
И, что можно жить беспечно
С нашим, “пу́тинским” рублём.
Измененья бесконечно
Происходят, день за днём…
К совершенству мир стремится.
В нём участвуем мы все.
Предназначено крутиться
Нам, как белкам, в колесе.
Нет, я сравнивать не стану,
Обсуждать любой момент.
Удивляться перестану,
Ведь другой здесь континент.

Знаю, эти три недели,
Мой нарушили покой.
Здесь меня не пожалели,
Дух захватывая мой.
В США хотел ещё остаться.
Предъявить какой мотив?
Если очень постараться,
У́йму денег заплатив.
Нет, уеду я обратно,
И не стану сожалеть.
Было очень мне приятно
Здесь, с друзьями "побалде́ть".
Визу я уже просро́чил,
Но, остаться не сумел.
И, как друг мне напроро́чил,
Мно́гого я не успел.
Деньги трачу, не считаю.
Что ж, наделал я долгов.
Но зато, я твёрдо знаю
То, что я всегда готов
Мир увидеть постараться,
Быть всегда, во всём "в струе́".
Будет так определяться
Моё, где-то, "бытие́".
День ещё один потрачу,
По счетам я заплачу́.
Над судьбо́й своей попла́чу,
И, в Россию улечу.

В год новый, “Огненного петуха”

В год новый, “О́гненного петуха”,
Пришедший вслед за годом “Обезьяны”,
(Которая не так уж и плоха́,
Когда не видишь все её изъяны),
Забудем прошлые печали и обиды.
Да здравствует наш “Пламенный петух”!
Мы, на него, свои имеем виды:
Хотим, чтоб он “сверкал”, но не потух!
Пусть, если нужно, клюнет он сильнее
Всех тех, кто против, с кем не по-пути.
Мы верим, что никто не пожалеет
О той решимости и рвении идти.
И наша вера снова возрадилась!
Дадим по-больше “петуху” зерна́!
Чтоб к новым горизонтам устремилась
Америка – великая страна!

В день особый, поклонюсь я Марту

В день особый, поклонюсь я Марту.
В “красный день” для нас календаря,
Что-то от души́, не по стандарту,
Я хотел бы сделать для тебя.
Приложу я все свои старанья,
Чтобы поддержать и ублажи́ть;
Оправдать твои все ожиданья,
Чтобы с ними легче было жить.
Дни, обычно, вроде так похожи,
Но бывают зна́ковые дни.
Многое в них радует, тревожит.
Остаются в памяти они.
В этот день, мы – вместе. Ежегодно
Повторяем лучшие слова.
Но, не потому, что это – модно,
И от них вскружится голова́.
Пусть невзгоды, боли и обиды
Стороной тебя все обойдут.
Мы же, на тебя “имеем виды”,
Ценим доброту твою и труд.
Твою ла́сковость, заботу, чувства
(У тебя никак их не отнять);
И, порядочность, как лучшее искусство,
Что дано́ не каждому поня́ть.
Мы от всей души тебе желаем
Главного: здоровья для тебя!
И, конечно, дружно поздравляем
С Днём рождения мы все тебя, любя́!

В каждом возрасте есть

В каждом возрасте есть свой особенный шарм.
Но, не сто́ит на прошлое так озира́ться.
Наша старость, для юности – мощный плацдарм.
Не жалей ни о чём. Годы – наше богатство!

Ведь тебе столько лет, как ты сам понимаешь.
Позабудь о плохом. Верь: всё будет “Окей”.
Улыбаешься? Значит, вполне ощущаешь:
Силы есть,что б обнять всех родных и друзей!

Да, мы помним о прошлом, нам его не забыть.
И потомкам своим очень много расскажем.
Нам улыбка нужна, настроение жить.
Мы ещё, в э́той жизни, может что-то докажем.

Мы сидим за столом, что вполне́ объясни́мо.
От вина и закусок ло́мится стол.
День рожденья, с друзьями, празднует Фима.
Очень рад, что сегодня к нему я пришёл!

В любых “...деся́т”, что после сорока́

В любых “...деся́т”, что после сорока́,
Своя есть прелесть, нежность и участье.
Бывает грустно, только лишь, слегка́,
Для верующих в жизнь, надежду, счастье.

Мой тост – простой и будет очень кра́ток:
Для знающих тебя, давно всем стало я́сно,
Что не смотря на вновь разме́ненный деся́ток,
Ты выглядишь, по-прежнему прекрасно.

Ты знаешь, всё зависит от тебя:
Твои удачи, взлёты и свершенья.
Забудь плохое, память тереби́я,
Ведь в прошлом нет нам утешенья.

Живи легко, назад не озира́ясь.
Нацелься в жизни только на успех.
Всего добиться сможешь ты, стараясь,
Своим упорством удивляя всех.

Меняй “десятки” эти много лет.
И, будь, всегда, весёлой и здоровой.
Что б это соблюдать, – простой тебе совет:
Пусть будет оптимизм всему осно́вой!

В наше время, не так часто встретишь

В наше время, не так часто встретишь
Столь приятных и милых людей.
Как волью́тся они, не заметишь,
В круг твоих, самых добрых друзей.

А, в кругу́ этом, близком по духу,
Интересам и взглядам на жизнь,
Ты всегда найдёшь сильную руку,
Что поддержит, ты только – держись.

В жизни разные есть обстоятельства:
Вам придётся уехать от нас
Мы берём на себя обязательства:
Быть такими же, как сейчас.

Уезжаете вы в Колорадо.
Не в Москву, не в Париж и не Рим.
"Ю ар вэлкам" всегда. Будем рады.
Мы вас помним и благодарим.

Много доброго и хорошего
Будем вместе мы вспоминать.
Ваше место у нас – не брошено
И его никому не заня́ть!

В нашем жизненном пути

В нашем жизненном пути
Много разных линий.
Можно в них и цвет найти:
Жёлтый, красный, синий.
Но другие есть цвета,
И цветов оттенки.
Цветога́мма – не проста
Жизненной оценки.
Линий разной ширины
Множество ты встретишь.
Быть терпимыми должны
К тем, что не заметишь,
Что они́ узки́, подчас,
Но в пути есть тоже.
Их присутствие всех на́
Иногда тревожит.
Кто ж смотря́щий впереди?
Оценить кто сможет
Ли́нии длину в пути.
И продлить поможет?
Все мы движемся в пути
Индивидуально.
Можно каждого найти
Даже визуально.
И понять, определить:
Где ты, как ты, что ты?
Только вот нельзя продлить
Твоей жизни кво́ту...

В нашем производственном процессе

В нашем производственном процессе
Наступил торжественный момент.
Все сегодня находились в стрéссе,
Подготовил нам Месткóм "презéнт".
Где-то, вроде по большому блáту,
Диетические яйца раздобыл.
Эй, ребята, собирайте плату:
Рубль двадцать с рыла. Много рыл
Развелось у нас; А дефицитом
Нужно научиться управлять.
Тут уже не очень будешь сытым:
Лишь один десяток смогут дать!
А недели две томý, все помнят
Этот день, как праздник, торжество.
Наш Месткóм опять, какой нескрóмник,
Совершил почти-что волшебство:
Раздобыл Месткóм две тонны лука
(Удалось же как-то раздобыть?!),
Но была потом большая мýка:
Разделить товар. Не обделить
Стрáждущих, желающих поплакать.
Много ль слёз, с восьми то килограмм?
Ну ответьте: чем же будем "кáкать",
Если подотчётен каждый грамм?
Лúца наших членов профсоюза,
Не печальтесь, верьте в чудеса!
Деятели нашего Союза
Обещают: будет колбаса!
Обещают, что в одно мгновенье
Мýка превратится, вдруг, в мукý.
Мы ведь, всё-же, связи Управленье:
Держим наши связи начекý.

Килограмм муки́, яиц десяток,
Лук, картошка... – всё билиберда́!
“Ком-сознательность” – вот тот задаток
Нашего отличного труда!

1988

В ОВИРе

Не смотри на меня “изподло́бья”.
Как всегда, отворачивай нос.
Что натура твоя – юдофобья, –
Это давний, решённый вопрос.
Даром времени тратить не стану,
Чтоб доказывать что-то тебе.
Я уверен, что не перестану
“Этим” быть в твоей “жлобской” судьбе.
Что не так? Ну, скажи мне на милость.
Что сидишь, документ теребя́?
Так хочу, чтоб всё это забылось;
Не встречал что б я больше тебя.
Ты – останешься, я в это верю,
Жалкой памятью про́житых лет.
В коридоре стоя́щей за дверью
Длинной линией дан был ответ.
Уезжаем совсем в “неизвестность”,
Но, мы все оптимизма полны́.
Мы берём с собой волю и честность;
Их увозим из этой страны.
Забираем с собой без остатка
Все таланты свои и мечты.
Здесь останешься ты – для “порядка”
В этом мире, что выдумал ты.
Будут сниться нам лучшие годы,
Нашей памяти лучшие сны.
Пусть когда-нибудь выйдет из моды
Эта грязная кличка: “жиды”.

В саду, на дереве уселись птицы

В саду, на дереве уселись птицы.
Поют, щебечут там, среди но́чи.
Как хорошо им во тьме сидится,
А мне не спится: тоскливо очень...

Я – под давлением, оно – снаружи,
И, под депрессией, она – внутри.
Над головою так нервно кру́жат
Седые голуби и воробьи.

И птица странная вдруг прилетела;
Летает, кру́жится над головой.
Почти крылом своим меня задела,
А я стою в ночи́, как "сам не свой".

Смотрю на небо. О чём мечтаю?
Мне б чистый воздух в себя вдохну́ть,
И быстрой птицей, в ту высь взлетая,
От всех проблем бы мне упорхнуть.

Я огляделся: здесь, вроде, не́ был.
А может кажется, что здесь – впервы́е?
Лишь это, чёрное знакомо небо
И, вспомнил ливни я грозовы́е.

Как не спастись мне от непогоды
В окрытом месте: куда же деться?
Так пролетели, умчались годы
И от судьбы мне – не отвертеться.

Давно замёрзли в том парке лужи.
Совсем не све́тят там фонари.
Я никому теперь уже не нужен,
А ты, мечта моя, со мной умри...

В старинном Львове

В старинном Львове, где каштанов свечи
Как пики древних рыцарей ажурны
На стометровке, где гуляли каждый вечер
Услышать анекдот ты мог дежурный.
Светилась в лицах радость, жажда счастья
В те годы приютил их Львовский "дом".
Пусть было частым львовское ненастье,
Настрой был праздничный. Но я ведь не о том...

Родился ты в конце сороковых,
Лишь пару лет спустя со Дня Победы.
Свидетельств маса этих лет лихих,
Когда смешались радости и беды.
И вот, из многих радостей – одна:
Когда на улице "Ивана Богуна",
Невдалеке от "Третьей" школы и "Креста"
Илья родился. Истина – проста:
Мальчишку в этом доме долго ждали.
Когда ж ты появился, наконец,
Расчитывать на негу – мог едва ли:
Ведь твой довольно строгим был отец.
В семье, где для друзей открыты двери
Ты быстро рос, но в жизни вдруг возник
Удар судьбы и жуткая потеря
Любимой матери. Как страшен этот миг!
Ты улице был долго предоставлен,
Но с честью испытания прошёл.
Ведь духа механизм в тебе исправен –
Плохой дорогой в жизни не пошёл.
Старался, сил последних не жалея,
Ты сложные высоты покорить.
Как многие, ты – с ярлыком "еврея"
Столкнулся с правдой: "быть или не быть".

Была и армия и львовский институт.
Для многих это было не в новинку.
О личном: как же не отметить тут,
Как для себя искал ты половинку.
Свою ты встретил вжизни королеву.
Ты ж не давал безбрачия обет?
Хоть не Адам, – свою ты выбрал Еву
И счастлив, слава богу, сорок лет!
Ты представитель середины века.
Потенциальный созидатель благ.
В стране, где всё – для блага человека
Построен "Днепрогэс" был и "Гулаг"!
Не мог ты жить так и не смог смириться
С комунистическими бреднями "Совка".
Осточертел их быт, их серость, лица
Насмешливые взгляды свысока.
И вот, твоя мечта осуществилась:
Ты здесь стоишь: красив, высок и строен.
Здоров? Вполне. Скажи на милость,
Ты в жизни, в общем то устроен?
Две дочери твои и внуки,
Твой дом, ружьё, велосипед.
Всё это умереть от скуки
Тебе не даст – Живи Сто Лет!
Пусть из души исчезнет в одночасье
Всё нашей горькой Родины ненастье!
Всё, что здесь сказано, – ведь не забавы для,
А для тебя, в твой День, Илья!

В эти майские дни

В эти майские дни,
Ставлю точки над “И”.
Знаю: трудно нам быть друг без друга.
Дорогая жена,
Ты мне очень нужна:
Ты любовница мне и подруга.

Что, – людска́я молва –
Это только слова.
Говорят, мы с тобою – не пара.
Мы сидим у реки,
А в костре – угольки:
Не хватает нам этого жа́ра.

Но костёр – в самый раз,
Он совсем не погас,
Разгорится и вырвется пламя.
Не играем с огнём
Мы ни ночью, ни днём.
Жар любви пусть останется с нами.

Я тебе, лишь одной
Обещаю, порой,
Нашу преданность, нежную дружбу.
Если что-то – не так,
Это – просто пустяк,
Мы исправим его, если нужно.

Наши годы и дни,
Пролетают они,
Как мгновенья из вечности бренной.
Знаю только одно:
Сколько нам суждено,
Будем вместе мы в этой вселенной.

Вдруг, в большую комнату

Вдруг, в большую комнату,
Солнца луч проник.
И, залез, непрошенный,
Мне за воротник.
От прикосновения
Ласки и тепла,
Даже на мгновение
Боль совсем ушла.
Всё-таки, не кстати
В Новый год болеть;
Лёжа на кровати,
В потолок глядеть.
А жена – ворчунья,
Упрекает ведь:
“Мужики не могут
Даже и болеть”!
Что ж я, поваляться
Просто так решил?
Способ расслабляться,
Мне такой не мил.
Всё же, видно где-то
Грипп я подхватил.
Я ходил “раздетый”,
Может быть, простыл?
Просто невезенье:
Взять и – заболеть!
Где же взять терпенье,
Всё преодолеть?
От температуры
Стал и я ворчать.
Нужпо подниматься,
Новый год встречать!

Декабрь 1995

Ветер, так внезапно, сильно ду́нул

Ветер, так внезапно, сильно ду́нул.
Лист последний с дерева слетел.
Я сказал тебе не то, что думал,
Может пожалел и не хотел.

Если б ты смогла меня простить
За ошибки, сделанные мною.
Постарайся только не грустить
О прошедших днях под пелено́ю.

Нам совсем не нужно лишних ссор.
Ссоры лишь нужны для ротозеев.
Плохо, выноси́ть из дома сор,
Кто-то на него всегда глазеет.

Знаю, можем мы с тобою жить
Без обид, упрёков и сомнений.
Я хотел бы, всё же, заслужить
За мои проступки извинений.

Вспоминая юность наших лет,
Мысли обращаются к надежде,
Что у нас пути другого нет:
Будет всё у нас с тобой, как прежде!

Вовсе, не из-за “делать нечего”

Во́все, не из-за “делать не́чего”,
Вы пришли к нам, сегодня вечером,
А, расслабиться и пообщаться –
Так нам, вроде, могло показаться.
Мы сидим за столом обеденным,
С настроением, чем-то навеянным.
В нашей светлой, уютной комнате
(Вы её, конечно же, помните).
Вспоминаем мы наше прошлое,
Акцентируя только хорошее.
Восхваляем мы – настоящее,
В наших внуках, к нам приходящее...
В нашей скромной, уютной оби́тели,
Здесь присутствуем мы, родители.
Наши дети и внуки – не с нами.
Ничего, посиди́м мы с друзьями…

Вот наш сын и стал совсем ты взрослым

Вот наш сын и стал совсем ты взрослым,
По “законам” здешним в “твенти ван”.
Помни, в жизни, всё не так уж просто,
А возможностей – огромный океан.
Верим мы: свой путь найдёшь ты скоро.
В схватке с трудностями – чтоб не проиграл.
Знай, что мы – твоя поддержка и опора.
Ты возмёшь свой главный интеграл!

Вот, мы и до́жили до свадьбы до твоей

Вот, мы и до́жили до свадьбы до твоей.
Стоишь, красавица, в кругу своих друзей.
И, только радуются сердце и душа:
Невеста наша, Маша, хороша́!
И Шурик, наш жених, он так хорош!
Как за такого за́муж не пойдёшь?
Сегодня свадьба Машина у нас.
Искрится радость из весёлых глаз!
Вокруг цари́т такое оживленье.
А выпить хочется! Ну, просто нет терпенья.
За счастье молодых, бокал хочу поднять.
Волнуюсь. Все должны меня понять:
Ведь на глазах моих росла́ она все годы,
Делила с нами радость и невзгоды.
И, вот теперь, она невеста, "хоть куда".
Желаем ей счастли́вой быть всегда!
Хочу сестре своей я внуков пожелать.
Пусть всё по кру́гу крутится опять.
И, пусть растёт семья большой и дружной.
За молодых на свадьбе выпить нужно!

Вот, сбыло́сь пророчество

Вот, сбыло́сь пророчество
Старого еврея:
Я, об одиночестве,
Очень сожалею.
От меня давно ушёл
Ты, празднуя победу.
Как в "эффекте домино",
Сыпятся все бе́ды.
Я была строптивою,
Да и ты, весь в гордости.
Я была красивою
В бурной молодости.
Время кончилось моё,
Так неумолимо,
Как-то поросло быльём.
Жизнь проходит мимо.
Ты вскочил в трамвай
На крутом подъёме.
Словно попугай,
Ты, слова запомнил.
Что тебе сказала
Я, в поры́ве гнева.
Я же, там была,
А ты, вроде, не́ был...
Но надежду не хочу
Всё-таки терять.
Хоть кряхчу́ я, и ворчу:
Где ж мне силы взять?
Просто, так устала я
Одинокой быть.
Я – ещё не старая
И смогу любить!

Всё! Четырнадцатый год

Всё! Четырнадцатый год
Плавно набирает ход.
Будто, хочет дать нам время
На анализ, размышленья.
Вспомнить, что произошло:
Что плохое всё – ушло,
А хорошее – осталось.
Пусть, не всё, хотя бы – ма́лость...
Мы старались, мы хотели,
Что б скорей, не еле-еле
Совершалось и могло́сь,
Сразу и не “на аво́сь”.
Год прошёл, как миг, мгновенье.
Не теряйте вдохновенье!
Год пятнадцатый приходит.
Что же с нами происходит?
Мы надеждами живём:
Счастье пусть приходит в дом!
К нашим детям, к нашим внукам
Наша перейдёт наука.
Что же делать будем, братцы?
Вновь дерзать, опять стараться?
Сильно, в год “Козы”,– “бодаться”!
Нам судьба благоволи́т.
Жизнь на месте не сто́ит!

Годы очень быстро пролетели

Годы очень бстро пролетели.
Незаметно вырос старший сын.
В повседневной жизни карусели,
В ритме так мелькающих картин.
Вот он, крошка милый, долгожданный,
Так сопит у мамы на груди.
Вот сидит он на краю дивана,
Смотрит мультики свои "Ну, Погоди".
Так недавно, жизни перемены
Вместе с нами тронули его.
Поменять пришлось родные стены
На чужое, серое жильё.
Безусловно, кто-то расстерялся,
Но не он. Наш сын – не из таких:
Он не долго думал, примерялся,
Выбрал путь, и своего достиг.
Он из нас пошёл работать первым,
Помогал семье, как только мог.
А у нас тогда сдавали нервы:
"Кто б работой всё-же нам помог"...
Он совсем недавно кончил школу,
Юноша безусый и смешной.
В планах женскому, как видно, полу
Вроде предоставлен выходной.
Главное – учёба. К этой цели
Подошёл, как к лучшей из "зате́й":
В университет, как мы хотели,
Сын наш поступил в UCLA.
Будет дом другой, мы это знаем,
И у нас всё бу́дет впереди!
Поговорку эту понимаем:
"От природы милости не жди".

День "Седьмого Ноября"

День "Седьмого Ноября" –
Красный день календаря!
И, скажу вам честно, братцы,
Помним мы его не зря.
Мне б хотелось разобраться,
Для чего и почему
Нужно очень было браться
За делá не по уму?
Был у власти "муж державный",
Звался русским он царём.
И, как будто-бы, исправно
Службу нёс он, день за днём.
Но, не в мóчь кому-то стало,
Надоел он, вот и всё.
Много раз в него стреляло
(И, на счастье, не попало)
Дикое то, мужичьё.
Среди них был и Ульянов,
Вроде бы, интеллигент.
Брат его – прокáзник рьяный.
Всем известен этот "кент".
Тёзка мой, Владимир тоже,
В день октябрьский, непогожий,
Совершил переворот:
Смело двинул массы от
Зимнего Дворца ворот.
Перед этим стрéльнул пушкой
Из "Авроры", мать-старушки.
Напугал до смерти всех...
Но, сопутствовал успех
Всем его злоначинáньям:
Царскую семью, в изгнаньи,
Завершив работу брата,

Уничтожил он, проклятый.
Был он де́рзок и карта́в.
Он, от грязных дел устав,
Здраво мыслить перестав,
В “Горки” слёг. И умер вскоре.
И людских потоков море
Очень много лет подряд,
Совершая свой обряд,
В Мавзолей стека́лось бу́рно.
Революцией культурной
Этого – не назовёшь...
Что-же, вскоре новый вождь
Править стал. И много кро́ви,
Женских слёз, мужских и вдовьих
С гор стекало и низи́н:
Был жестоким, тот грузин!
Многим судьбы полома́в,
От злодейских дел устав,
Слёг. И, вскоре, тоже по́мер...
Появился третий номер.
А, потом – четвёртый, пятый...
Тот мужик, хоть простоватый,
Он имел одну идею:
В коммунизм, прохиндею
Захотелось очень въехать.
Но, гарантией успеха,
Видел он, лишь кукурузу.
Срок назначил: двадцать лет.
Он нелёгкую обузу
Потянуть не смог... И след
К коммунизму затерялся...
Тут, другой товарищ взя́лся
Исправлять его прома́шки.

Вскоре, дивные замашки
Появились у него,
(Он скрывал их, до того).
Леонид, Ильич наш, Брежнев!
Мы, совсем не знали прежде,
Что любил ты так награды...
Мы бы, были очень рады
Награждать тебя почаще.
Всем нам жаль, но, в жизни "чаще",
Сильной, строгой, настоящей,
Ты, не выдержал нагрузки.
Хоть и лоб имел не узкий,
Речевые перегру́зки
Вдруг свели́ тебя "на нет"...
И, решил, тогда, Совет,
Что приемник, будет кре́пче.
Но, час о́т-часу, не легче...
Тот, совсем не долго пра́вил
И, другому пост оставил.
Он за дело взялся рьяно,
Честь по чести, без изъянов.
Председатель КГБ,
Он – не кто-нибудь тебе!
Начали́сь проверки, рейды:
"Совесть Партии" – на ре́йде...
Но, "кишка́ была то тонкой",
Жизнь поставила засло́нку...
Что же делать? Кто ж теперь,
Распахнёт Кремлёву дверь?

Молодым у нас – дорога,
Старикам у нас – почёт!
Появись тогда тревога,

Что такой переучёт
Всем идеям коммунизма
Горбачёв произведёт, –
Не поставил бы Совет
Молодого – тыщу лет!
Но, угодно было богу,
Что б показывал дорогу
Этот дерзкий горлопан.
Сразу он решил, что – пан...
Пропадать – не собирался
И, за дело резко взя́лся.
Он казался очень милым,
У́мным, дельным, справедливым.
Но, язык имел – “до пят”:
Множество часов подряд,
Из “порожнего – в пустое”,
Дело это – не простое,
Мишин трёп распространялся...
Весь народ наш дружно взялся
За большую Перестройку,
По идее, – новостройку.
Долго это продолжалось...
Но, потом, вдруг, оказалось,
Что напра́слина – всё это:
И – идеи, и – вожди;
Лучшей жизни и не жди!
Вообще, “Страна Советов”
Расстворилась в дымке, где-то...
Эх, запятнанный герой!
За которого горой
Мы стояли и теряли
То, что не приобретали...

Только цвет, цвет кро́ви красной
Говорит, что всё – напрасно.
Про́жили мы эти годы;
Были горечь и невзгоды...
Были, их – забыть нельзя:
Красный день календаря,
В день седьмого Ноября!

Ноябрь 1996

Для поездки в Сан-Диего

Для поездки в Сан-Диего
Нужно, где-то, два часа́.
Только, чтобы трафик не́ был,
Но, бывают чудеса.
Е́дем мы, обычно, дольше.
Фрукты-ягоды жуём.
Нам терпения б по-больше,
Но мы шутим и поём.
Выезжая из “Эл Эя”,
В “даунтауне” сидим.
В реконструкции фривея
Сильный трафик мы виним.
Где-то, после Санта Аны,
Быстро двинулся поток:
В скорости его спонта́нной
Здесь никто не одинок.
Вот заторы в Сан Клементе –
Не понятно почему.
Не нужны нам те “моменты”,
Что ни сердцу, ни уму.
Долго тянется дорога.
Виден океана тон.
Кажется, совсем не много
Ехать к базе “Пэ́ндлтон”.
А потом, и вовсе мчаться
Нам по трассе предстоит.
К сожаленью, очень часто
В Карлсбаде всё сто́ит.
Ничего. Совсем не много
Нам осталось быть в пути.
Что ж, не лёгкая дорога,
И по ней, как не крути,

Ехать больше двух часов
В трафике и напряженьи.
Пропотéешь до трусов.
Но, когда, в изнеможеньи
Доберёшься до своих,
То, в хорошем настроеньи,
Ты забудешь этот стих!

День седьмого ноября

День седьмого ноября,
Этот день календаря,
Добрым, праздничным, красивым
Нам запомнится не зря.
В этот день, довольно длинный,
От рассвета до утра́,
Повидать друзей старинных
Прилетели мы сюда.
Мы живём за океаном,
Очень далеко от вас.
Кажется обидной, странной
География для нас.
Годы быстро пролетели.
Мы не виделись давно.
Знаки времени на теле,
Но, в душе мы всё равно
Мо́лоды. И мы с задо́ром
Наши годы проживём.
Мы по жизни коридорам
Нашу дружбу пронесём!
Этот день – такой приятный!
Он – для сердца, для души.
Не уходит безвозвратно
Наше время. Не спеши.
Пусть продлится радость встречи.
И веселье будет пусть.
Мы запомним этот вечер,
Жаль, что радость сменит грусть...

Но грустить мы будем позже.
В час прощанья и потом...
А сейчас – всего дороже –
Видеть вас, родные “ро́жи”,
Ощущать себя моложе.
И не думать о плохом.

Израиль,
Ноябрь 2008

До и после. Так не просто

До и после. Так не просто
Жизнь на части разделить,
Оценить остаток взросло,
Очерни́ть и обели́ть.

Разве можно хоть частицу
Прошлой жизни позабыть?
Нет, не может так случится,
Чтоб родное разлюбить.

Всё же делим жизнь мы просто:
“До" и “После”, “Встарь” и “Вновь”,
Так кольнёт порою остро
К прошлой памяти любовь!

Вот и вспомнил я сегодня,
Посмотрев на календарь,
Прежний вечер новогодний,
Был давно который, “встарь".

Я не жалуюсь на выбор,
Сделанный давно, тогда.
Вы́пал я оттуда, вы́был...
Вспоминаю иногда

Пирожки твои с начинкой
Из картошки – хороши́!
Словно в книге на картинке
С пылу-жару – беляши.

Просто царские закуски.
Где ж продукты было взять?
Выбор был один, по-русски:
По знакомству доставать.

Разве дело только в “жрáчке”
И в потерянных годах?
“Встарь”, бывала жизнь поярче;
Мы, и сами, были “жарче”.
А сейчас... – совсем не “ах”:
“Новь” тускнеет при огнях...

Дождик пусть прольётся

Дождик пусть прольётся,
Дождик ожиданий...
Солнце пусть пробьётся
Среди серых зданий.

Просверка́ют грозы,
Пролетят как птицы.
Странные угрозы,
Кто же их боится?

Убежа́л от ли́вней,
Влаги, грязи, пота.
Всё же, что противней
Может быть болота?

Где же взять мне силы –
Противосто́ять им?
Я хочу у милой
В крепких быть объятьях.

Пусть, с такой погодой
Сон мне лишь приснится.
Мне, родной природой
Век не насладиться!

Облака́ ласкают
Голубое небо.
Я тебя не знаю
И, с тобою не́ был.

А земля такая,
Как живая, просит,
Жа́ждет урожая
Золотых колосьев.

Синим пусть всё будет,
А не грязно, се́ро.
Я хочу, что б люди
Жили вольно, смело.

Рассыпают клёны
“Носики” повсюду.
Жизнью утомлённый,
Умирать я буду...

День октябьский у дивной осени

День октябьский у дивной осени,
Он для Вас сегодня не простой:
Будто в осень золота подбросили,
Стал оттенок листьев – золотой.
Ближе к серебристому оттéнку
Цвет волос на Вашей голове.
Ставит жизнь отличную оценку
Вашей роли в непростой судьбе.
Много лет назад случилось чудо,
Тáинство, волшебное явленье:
Появились Вы из "ниоткуда",
Миру возвесив своё рожденье...
А сегóдня Вам лишь только "...нáдцать".
Все Вам комплименты говорят.
И никто не будет сомневаться,
Что уже который год подряд
Моложáвы Вы и энергичны,
И Вы всем нам очень симпатичны.
Дéвичью улыбку, до сих пор
Сохранили всем наперекор!
Пусть же повторя́тся много раз
Смех, улыбки, дружеские лица.
Пусть струи́тся из счастливых глаз
Только радость; к ней стремиться –
Нелегко прихóдится подчас.
Будьте долго неустáнным путником,
С бодростью идущим по годáм.
Пусть здоровье будет Вашим спутником,
И удача пусть подругой будет Вам!
Сохранили Вы улыбку до сих пор,
Ваших добрых, материнских глаз.
Счастья дни, всему наперекóр,
Повторяются пусть много-много раз!

Дожить до свадьбы золотой

Дожить до свадьбы золотой
Не многим в жизни удаётся.
Прошедшим этот путь большой
Быть вместе до конца придётся.

Вам друг без друга быть нельзя,
Ваш путь счастливый и спокойный:
Родители, любовники, друзья,
Мы видим ваш пример достойный.

Ведь ваши души навсегда
Слились в блистательной затее.
И пусть проносятся года,
Союз ваш будет лишь сильнее!

Вас мы не ощущаем врозь.
За вас поднимем мы бокалы,
Чтоб вам хотелось и моглось
Любить! Вы – наши “аксакалы”!

Дорогой мой сынок

Дорого́й мой сынок!
Загляни на часок.
Ты пойми, не так много прошу́ я.
Бьёт давленье в висок;
Может на волосок
От той про́пасти смертной стою́ я...
Мне б, тебя повида́ть.
Тебя за́ руку взять.
И, в глаза посмотреть так хочу я.
Я хотел бы сказать:
Ты не стань укорять,
Что тебя воспитал я, балу́я.
Не сумел научить,
Как-же, всё-же прожи́ть
В нашем мире, без ложных амбиций.
Не свернуть как, в пути.
Как по жизни пройти,
Не нарушив семейных традиций.
Что с меня теперь взять?
Я не смог настоять,
Чтоб профессию выбрал другую.
Не сумел дать совет.
Не расслышал ответ,
Почему выбрал жизнь ты такую.
Знаю я, что ты – смел;
Что добиться сумел.
Это – здорово, но, – можно лучше.
Моё мнение знай:
Ты стремись и дерзай,
И тогда, всё, что хочешь, – получишь...

Другую музыку играют

Другую музыку играют,
Другие песни все поют.
Я, разных женщин и не зна́ю,
Пусть их другие позна́ют.

И тем, кого они встречают,
Сердца́ свои пусть отдают.
Ты – лишь одна, из тех, что знаю,
В душе моей нашла приют.

Играет в парке саксофон,
Звучит мелодия любви.
Она – о том, что я влюблён,
О том, что ждёт нас впереди.

Ты подари мне то́мный взгляд,
С улыбкой тайной, подари.
Я, несомненно, буду рад
Внима́ть мелодию любви.

И, новый танец, я хочу
С тобой, лишь только, танцевать.
А, без тебя, я загрущу,
Но часто буду вспоминать.

Ты мне оставила печаль,
Но мне, так грустно с ней, – поверь.
И ты, как-будто, невзначай
К своей душе закрыла дверь.

Мне бы, надежду не терять.
И быть настойчивее чуть.
Тебя хочу поцеловать!
Я так хочу тебя вернуть...

Еврей Кобзон

Еврей Кобзо́н – с крестом на шее,
Герой народов и времён,
По сцене ходит еле-еле,
И нам понятно: утомлён...
От этой массы поздравлений,
Цветов, улыбок, песен, лиц,
От подхалимничьих явлений,
Не принимающих границ.
Здесь всей России славной цвет.
Приходят лучшие на смену.
Кто это да́рит там букет?
Кто по-прово́рней, тот – на сцену
Прорваться так и норови́т.
И, вырвав микрофон из плена,
Всё говорит, и говорит...
Еврей Советского Союза
И ве́ка нашего Еврей!
Как жаль, что долго кто-то "ю́зал"
Единственный наш мавзолей...
Он, видно, для тебя построен,
Но ты живи, живи сто лет!
Я верю, ты того достоин,
И я, дарю тебе букет.

Октябрь 1997

Если просто кончилось терпенье

Если просто кончилось терпенье,
Ты его не купишь, не займёшь.
И твоё плохое настроенье
Не исправить, как ты не поймёшь?

Здесь причина кро́ется поглубже,
И измерить глубину нельзя.
Так назойливо стучат по луже
Мириа́ды капелек дождя.

Их удары болью отдаются
В тонких струнах раненной души.
Их следы, в ней долго остаются;
Ты их уничтожить поспеши.

Поспеши расстаться с глупой мыслью,
Что нельзя исправить ничего.
Всё возможно, но, не так уж быстро,
Чтобы не обидеть никого.

Это будет сделано, конечно;
Лучше бы в отсутвие дождя.
В светлый день, как и во тьме кроме́шной,
Можешь ждать поддержки от меня.

Очень часто, у людей бывают
Их поступки, разные дела.
Может быть, они не понимают,
Что тебя их глупость “довела”...

Есть поправки к жизни аксиомам

Есть поправки к жизни аксиомам,
Не всегда легко их принимать.
Угол зрения, привычный и знакомый,
Нелегко порою поменять.
Иногда, без совести зазренья
Мы “качаем" старшинства́ права.
Выражают старших поколенья
Мнение, пожалуй, большинства.
Ю́ности присущие проблемы...
Если б знать, от них как уберечь?
Доказать все в жизни теоремы
И тогда: доло́й проблемы с плеч.
Молодым присущие ошибки
Нелегко бывает исправлять.
Старшим, о себе, не без улыбки,
Не мешало б чаще вспоминать.
Молодёжь, горячая в стремленьях,
“Рвётся в бой” (И было так всегда),
Вызывая в старших поколеньях
Ревность, не взирая на года.
Да, у молодёжи, пусть наивной,
Не отнять стремления вперёд.
Пусть от старших, стороны – противной,
Слышите, что всё – наоборот.
Мы ведь тоже молодыми были.
Только время не вернётся вспять.
Мы, свои ошибки не забыли.
Вам не сто́ит наши повторять.
Но, сегодня время-то – другое.
Не всегда легко его понять.
Так не хочется, чтоб что-нибудь дурное
Вдруг смогло на всех вас повлиять!

Жёлтая, зелёная и синяя

Жёлтая, зелёная и синяя
Нашей быстротечной жизни линия.
Часто чёрно-белая и серая,
Будничная, тихая, не смелая.

Кадры, как в кино, меняются:
Вверх и вниз, а иногда – теряются...
Часто, просто белая, обычная
Линия простая, но приличная.

Иногда бывает ярко красная,
Ра́достная, светлая, прекрасная.
Чёрные штрихи порой встречаются:
Многие ужасно огорчаются.

Линии пунктирные, волнистые
Вверх и вниз летящие неистово...
Не бывает взлётов без падений,
Без причины – смены настроений.

Журавль белый зацепился за небо

Журавль белый зацепился за небо,
Как-будто забыл, что был журавлём...
Брожу по свету, где я только нé был,
Не ради зрелищ, насущного хлéа,
Как-будто нáпрочь забыл свой дом.

Как птицы ищут пристанище стае,
Так люди пытаются счастье найти.
Но никто не подскажет и никто не знает
Прямые ответы и прямые пути.

Ты можешь быть нищим, а можешь – богатым,
С мелкой душонкой и душою большой.
Ты, может быть, лучше станешь, когда-то
И, с гордости чувством, уйдёшь на покой.

Бывает, ты чётко поставишь задачу
И к цели упорно, и достойно идёшь.
Рассчитывать можно на большую удачу,
Но это не значит, что её ты найдёшь.

В мире сложностей много, но я это знаю:
Только время и труд приближают успех.
С виду, наша Земля, даже очень большая,
К сожлению, счастье – не бывáет для всех.

Пусть птицы летают, цепляясь за небо,
А грозы – угрозы, прольются дождё́м.
В этом мире большом, где бы кто нé был,
Хочу, чтобы каждый имел бы свой дом!

Зажгла ты свечи

Зажгла ты свéчи. Это так красиво;
Сегодня вечер вместе проведём.
Вино в бокалах пéнится игриво,
И разговор наш, вроде ни о чём.

Твоя улыбка, тёплая такая,
Всегда здесь создаёт для нас уют.
А наша кухня – вроде не большая.
Мы очень часто ужинаем тут.

Пришла с работы, очень ты устала:
Дел у тебя, всегда "не впроворóт".
И, у меня бывает дел не мало,
Кто это знает, тот меня поймёт.

С тобой мы вместе, дýши наши рядом.
Мы говорим и мыслим в унисóн.
И в пожеланьях, пéреданных взглядом,
Реальность можно видеть, а не сон.

Мы – пьяницы? Но это же – забáвно.
Как я давно с тобой винá не пил!
А как тебе, знакомой, лишь недавно,
На "брудэршафт" я выпить предложил?

Воспоминанья... Это очень мило,
Когда есть то, что хочешь вспоминать.
Но, и плохое в нашей жизни было...
Его осталась в памяти печать.

Мы стали старше, это так заметно.
Мы больше устаём, кряхтим, ворчим:
"По-стариковски", что б сказать конкретно,
Своё существование влачúм.

За́пер дело в сундуке

За́пер дело в сундуке.
Спрятал дело.
И, со временем оно –
Пожелтело...
Но сундук, в уголке
Мышь проела.
Стала лазить в сундук
Очень смело,
И нагадить на дело
Успела.
И, теперь, в сундуке,
Между прочим,
Запах затхлый и, в общем –
Не очень...
Даже, после вмешательства мышки,
Не спешу я с открытием крышки.

Затянул ремень потуже

Затянул реме́нь потуже
И, в рецессию пошёл...
Может, я теперь, не нужен,
Раз свой путь я не нашёл?
В том, что плохо всё на свете,
Вроде, я не виноват.
Как же вы, жена и дети?
Я – совсем не "нарасхват".
Всё. Я снова – безработный.
Что же делать мне, теперь?
Был я, раньше, беззаботным,
Но, моя закрылась "дверь"…
Возраст, видимо, играет
Не последнюю здесь роль.
Обороты набирает
Пустоты́ душевной боль...
Здесь профессий много очень.
Может, мне свою сменить?
Быть "в струе́" и, между прочим,
В каледж даже поступить?
Нет, нельзя мне расслабляться;
Мне бы, поменять свой путь.
Нужно, всё-таки, стараться
В будущее заглянуть.
Нужно вновь искать работу,
И, по-агрессивней быть.
Если повезёт, – то квоту
Лучшей жизни получить.
Я, других совсем не хуже,
И за мной – моя семья.
Верю, что кому-то нужен.
Я найду ещё себя.

Здесь моя семья

Здесь моя семья, только ты и я
В этом мире ещё существуют.
Только ты и я, да ещё сыновья
Во вселенной, где страсти бушуют.

Ты – поддержка моя, ты – страховка моя
В доме нашем, куда прихожу я.
И лишь только тебя, бесконечно любя
Я тебя с вожделеньем целу́ю.

В свете яркого дня, бесконечно горя́
Я живу, а не как существую.
И выходит, что “для” жизнь я про́жил не зря.
Мне не нужно другую такую!

Пусть растут сыновья, для них наша семья
Будет памятью доброй богата.
И другие края́ (ведь большая Земля)
Уведут их по жизни куда–то...

Здравствуй, друг наш

Здравствуй друг наш, здравствуй Эдик!
Мы пришли к тебе не зря:
Кра́сочный велосипедик
Принесли мы для тебя.
Ну и пусть он трёхколёсный,
Но, зато с мотором он.
Ты давно, конечно, “взрослый”,
Многократный чемпион
По колёсному ката́нью
На одном, на двух, на трёх...
По прилежности, старанью
Не бывал с тобой подвох.
Ты инструкцию изу́чишь
И получишь все права́.
В технике ты – самый лучший:
Отвечаем за слова́.
Что ж, катайся, наслаждайся,
Только осторожней будь.
В чемпионстве – не сдавайся,
Продолжай свой долгий путь!

Здравствуй, милая моя

Здравствуй, милая моя.
Я хочу, при свете дня,
Вновь в глаза твои вглядеться,
Нежным их теплом согреться.
Сделай это, для меня.

Я не всё тебе сказал.
Разве может так случиться,
Что б тебя я потерял,
Видел лишь чужие лица?

Как посмел я потерять
Самый ценный дар на свете?
А в ночи́ горит опять
Жар любви. Он ярко све́тит!

На пероне я стоял;
Чередою шли вагоны.
Под их грохот монотонный
В окнах я тебя искал.

Мне не выбраться из плена,
Я на век туда попал.
Ты, одна во всей вселенной,
Та, которую искал.

Я отда́л бы миллион,
Чтобы быть с тобою вечность!
Плавно тронулся вагон
И умчался в бесконечность...

Знаю, всё-же, мы любим друг друга

Знаю, всё-же, мы любим друг друга.
Нет нужды́ рассуждать нам об этом.
Нам – не выйти из этого “кру́га”,
Но, бывает, что спим мы “валетом”.
Чтобы было в постели удобней,
На кровати “расскинуться” шире;
Чтобы нам и дышалось свободней –
В нашей спальне, что в этой квартире.
Только там, от привычного храпа,
Я с трудом, иногда засыпа́ю.
И, тихонько тея́, без “нахра́па”,
Лечь на бо́к, на другой, заставляю.
И руки́ твоей прикосновенье
Возвращает меня в полудрём.
Представляется мне, на мгновенье,
Что всё это, – не ночью, а днём.
Вечера́ на диване, в гостинной,
Мы, обычно, проводим вдвоём.
Чтобы ночь не казалась нам длинной,
Мы будильник с тобой, заведём.
Может быть, без него обойдёмся?
Всё равно, очень рано встаём.
Время – есть, и мы, лучше, пройдёмся
И в порядок себя приведём.
Поменялись у жизни манеры.
Она мчится быстрей, день за днём.
Мы – не мо́лоды, пенсионеры;
По-другому теперь, мы живём.
И, в последнее время, всё чаще
На одной себя мысли ловлю:
Что, когда я тебя вижу спящей,
Я тебя ещё больше люблю!

И вот уже полсотни лет

И вот уже полсотни лет
Висит семейный ваш портрет,
Семейства Зе́льмана Хуси́да.
Его осно́ва – тётя Ида.
Его поддержка, то есть рама –
Всем ясно, это – дядя Зяма.
Стараниям их честь и слава:
На свет явилась Бронислава!
Прошло совсе́м немного лет
И вновь "расширился" портрет.
Хуси́ды не преда́лись лени
И возвестили о Елене.
А годы шли. Виски́ седели.
Хуси́ды дочкам надоели.
И Бронислава и Елена
Удрали из родного "плена".
У каждой есть своя семья.
И вот, портрет теперь большой:
Там – внуки, три богатыря,
Два зятя, парни, хоть куда.
Но, как всегда, семьи́ душой –
Есть, были, будут навсегда
Дед с Бабой. Пусть бегут года.
Ещё бы вам с полстни лет...
Пусть вдво́е вырастет портрет!

80-е годы

Имена, истори́чески верные

Имена, исторически верные,
Знаменитых людей, лошадей;
Точные и достоверные
Ты хранишь в голове своей.
Так блестни́ же своей эрудицией
И ответь мне на важный вопрос.
Ты, дошедший почти до кондиции,
Ты, гигант, патриах и коло́сс!
Македо́нского как звали лошадь,
Что копытами била своими?
И того, кто её укоко́шить
Смог, вписа́в в историю имя?
Я не спорю о кли́чке лошади
Дон Кихота, осла Санчо Пансы.
Это всё – из далёкого прошлого,
И не мне различать нюансы.
Как же звали лошадь Пржева́льского,
Ту, которую он "открыл"?
И в науке есть "прижива́льщики",
Не желаем мы верить им!
Будем верить авторитетам,
Вам, в науке познавшим толк...
Удивлён я, и потрясён
Всеми знаниями твоими.
Мне не верится, это – сон...
Назови долгожданное имя!!!

1985

Как жаль, что мы не сможем разделить

Как жаль, что мы не сможем разделить
Такое торжество, что в жизни раз бывает!
Что ж, так случилось... Так тому и быть.
Судьба акценты часто расставляет.
Мы – далеко, но наши души с вами.
Вы счастливы! Хотим мы пожелать
Любви, но не стандартными словами.
Любовь и счастье можно пожинать
Когда посеешь их и будешь удобрять
Их в жизни добрыми, хорошими делами.
Благополучия ключи вы подберёте сами.
А мы хотим – всегда гордиться вами!

Как же молодо дышится

Как же мо́лодо дышится!
Брызг веселья из глаз.
Только всюду и слышится:
Свадьба, свадьба у нас!
А невеста – лебёдушка,
И жених – так хорош!
Ой, вскружили головушку,
Кто кому – не поймёшь.
Па́ры в вальсе закру́жатся,
Пьют вино все звеня́.
Пусть со счастьем подружится
Молодая семья!
Так пьянейте от сладости
Поцелуев лихи́х!
Все смеются от радости
За красавцев таких.

Как много дней в году чудесных

Как много дней в году чудесных!
И вот, в один из лучших дней,
Мы постараемся спеть песню,
Ваш отмечая юбилей, ваш юбилей.
Он вдруг нечаянно нагрянет,
Хотя его, конечно, ждём,
С друзьями встречи час настанет
И мы, за праздничным столом,
Дла вас споём:
Дети! О как сего́дня вы прекрасны!
Дети! Пускай проносятся года,
Дети! Пусть будет солнечно и ясно
В семейной жизни – навсегда!
Дети! Вы – лучше всех детей на свете.
Дети! Пусть разростается семья.
Дети! Мы вам желаем долголетья
Как хорошо, что есть на свете
Такие дочери и сыновья!

Как хорошо, что в День Благодаренья

Как хорошо, что в День Благодаренья
Собра́лись мы за праздничным столом.
Полны́ все радости, веселья, вдохновенья,
Но просим Бога только об одном:
Чтоб были мы здоровы, долговечны,
Детей взрослеющих поддерживать могли.
Да, наши годы слишком быстротечны,
Но будут пусть всегда полны́ любви.
Мы благодарны быть должны друг другу,
За то, что в мире, всё-таки, живём.
Мы добрую, посильную услугу
Окажем всем, кто с миром входит в дом.
И, си́дя здесь, за праздничным обедом,
Хочу напомнить лозунг наш о том,
Что с добрым мы поделимся соседом;
С плохим – не обменяемся добром.
Когда-то, нас здесь тоже приютили.
Нас приняли, как самых дорогих.
Хочу, чтоб дети, вдру́г не возомнили,
Что благодарность – это не для них.
Быть благодарным – это очень важно.
Добро бы, лучше и сами́м творить.
И, мысли прогрессивные, отважно,
В дела благи́е, всё-же, воплотить.

Какого праздничного вида

Како́го праздничного вида
“Санкт-Петербург”, наш ресторан!
И вот, сегодня, Юфа Фрида,
Откроется здесь твой обман:
Сегодня Фриде – тридцать восемь
И, уж никак, не шестьдесят!
И мы, настойчиво попросим
Снять маски. Ко́нчен маскарад!
Не нужно больше молоди́ться:
Вы – ю́ны сердцем и душой.
И Фрида может похвалиться
Такой компанией большой.
Нет. Ну вы только посмотри́те,
Какой Одесский здесь “шалма́н”.
Вы поздравления прими́те
От всех львовян и киевлян.
Москва уж, присоединится,
Минск и другие города,
И, иммиграции столица,
Нью Йорк приехал к нам, сюда.
Вокруг – воссто́рженные лица;
Здесь дети, внуки и друзья.
Я “об закла́д готов побиться”:
Так чувствую не только я.
Что наша Фрида – просто фея:
Мила́, добра и хороша.
Что рядом с ней и мы – добрее,
Светлей и радостней душа.
Пусть много лет мы будем вместе
На юбилеях, торжествах:
Как компоненты, дрожжи в тесте,
В роля́х сватов, свекровей, свах,
Родных, друзей, соседей добрых.
С улыбкой, с радостью в глазах!

В глазах весёлых. Если, мокрых –
От смеха только. Пусть в сердцах
Веселье только сохранится.
Держи очаг друзей в тепле.
И пусть “мелькают” эти лица
Как можно дольше на Земле!

Как часто мысли и поступки

Как часто мысли и поступки
Не совпадают у меня.
И я кляну́ себя, преступник,
Но толку мало. И, кляня́,
Я ничего не изменяю...
Как часто, мыслям вопреки
Я говорю, не замечая,
Что рядом друга нет руки́.
Она б меня остановила,
А, может быть, и вразумила...
Мои друзья – перо, бумага.
Им доверяю я вполне.
И так легко бывает мне.
Поверь, здесь не нужна отвага.
Как часто я себя ругаю
За костность речи. Понимаю.
Бывает так: Душе внимаю.
В душе одно, но с языка
Слетает просто чепуха.
И мне бывает не до смеха,
В душе я пла́чу, – вот потеха...

Январь1984

Как-то очень волнующе дышится

Как-то очень волнующе ды́шится!
Влажный блеск из восторженных глаз.
Говорится повсюду и слышится:
“Свадьба, это ведь свадьба у нас”!
Пара в свадебном вальсе кру́жится.
Вместе вам пролететь сквозь года.
Эта пара с удачей подружится
И дружить будет с ней навсегда.
Атмосфера наполнена сладостью
Не тортов – поцелуев лихих.
Преисполнены гости все радостью
За красавцев таких молодых.
Пусть сбываются только пророчества
Самых добрых, из всех, колдунов.
Молодым пожелать нам хочется
Исполнения всех лучших снов!

Когда я был молоденьким

Когда я был моло́деньким,
Я был всегда Володенькой.
Я встретил в школе девочку, что Оленькой звала́сь.
От всех подруг отличная
И очень симпатичная.
И я был тоже – ничего, совсем не ловелас.
Я полюбил бы Олечку,
Спляши она мне по́лечку.
Но, Ольга отказалаь мне польку танцевать.
Тогда свои желания
Поведал тайно Жанне я.
И попросил её я, мне на трубе сыграть.
Но Жанна мне сказала,
Что лучше б станцевала,
Что у неё по танцам оценки только "пять".
Но я ответил Жанне:
Есть у меня желанье
Услышать как поёт она Есенина романс.
Тут Жанна отказалась,
На слух плохой сослалась
И сразу прекратился любовный наш альянс.
И вот, я встретил Анку
Почти что иностранку,
Был у неё английский совсем как свой, родной.
Она мне спела "Битлс"
Так, что напря́гся би́цепс
И я сумел поднять её одной своей рукой.
Но, кроме подниманья
Хотелось пониманья...
Так, все мои желания не выполнил никто.
Кого ж теперь мне встретить?
Кто ж есть на белом свете,
Кто смог бы разделить со мной моё одно пальто?

Мне повстречалась Рита.
Она была открыта,
Как всем нам полюбившийся, зачи́танный роман.
Мы все так любим книги!
В них – страсти и интриги,
Но, как бы мы ни верили, в конце там был обман.
Потом была Татьяна,
Почти что без изъянов,
С такой, совсем прозра́чной и доброю душой.
Вполне честолюбива,
Немного горделива
И, по сравненью с нею, казался я – “лапшой”.
И вот, – другая Риточка
Как золотая ниточка
Связала мне конечности от пяток – до волос!
И все мои желания
Встречали понимание.
Я по́нял: крепко-на́крепко я к ней, одной прирос!
Я – всё ещё Володенька,
Давно уж не молоденький...
Хотя живу не в роскоши, доволен я вполне.
Я благодарен у́части,
Моей большой везучести
И, безусловно, Риточке – подруге и жене !

Апрель 2012

Когда я был в Самаре

Когда я был в Самаре,
Заехал я к Тамаре,
Которую не видел
Почти что десять лет.
Когда-то "жениха́лись",
Но, во́время расстались.
Послал тогда Тамаре
Я пламенный привет.
Тамара изменилась,
В кого-то там влюбилась;
Ребёнка заимела,
Но замуж не пошла.
И, никому нет дела;
Жизнь быстро пролетела...
А я, – надумал встретиться,
Такие, вот, дела.
Ну, что сказать, Тамарка?
Хоть солнце све́тит ярко,
Не всё в судьбе сбывается,
Как хочется, порой.
Тебя я снова встретил,
И, про себя, отметил,
Что годы, даже лучшие,
Сулят нам геморой.
И я, в конечном счёте, –
Совсем не твой герой!

Костноязычная мадам

Костноязы́чная мада́м,
Тебе урок я препода́м.
Но, упражняться в красоба́йстве
С тобой я просто не хочу:
Ты так тверда́ в своём зазнайстве,
А об упрямстве я молчу.
Урок мой будет прост и кра́ток:
Чтоб показать твой недостаток,
Я разговор наш запишу,
Тебя прослушать попрошу́.
В тебе достаточно ума:
Услышишь – всё поймёшь сама.

Кот чёрный, пушистый и важный

Кот чёрный, пушистый и важный,
Гуляющий сам по себé,
Перебежáл вдруг однажды
Дорогу в моей судьбе.
Хотя я не верю в приметы,
Я через плечо поплевал,
И снова по белому свету
Как прежде, идти продолжал.
Но, было какое-то чувство
Так не восполнимых потерь.
Вдруг стало так грустно и пусто,
Как будто закрыл счастью дверь.
Оно, пребывая в покое,
Рванулось за ветром, гудя.
Коснулось моих ладоней,
Навеки покинув меня...
А может, мне всё показалось,
Всё это – фантазия, сон?
Коль правда, – то сáмая мáлость,
Коль сон – удивительный он.
Он, всё-же, прошёл, этот чёрный,
Пушистый и ласковый кот.
Прошёл, прошмыгнул так проворно,
Такой симпатя́га... И вот
Оставил тот котик полоску
На линии жизни, в судьбе...
Кот чёрный, такой непрóский,
Гуляющий сам по себе.

Крэйзи вумэн

"Крэ́йзи ву́мэн", Моника Левински,
"Хэд виз Клинтон джаст э литл фак.
Энд тудэй, шиз тра́ин ту конви́нс хим
Вэ́ри хард. Ви́ виш хэр джаст Гуд Лак".
Клинтон, хэндсом, вэри найс мужчина,
Спал с ней не за деньги, просто так...
В чём секрет, в чём кро́ется причина?
Говорят здесь: "Ай донт гив а фак"!
Он упрямо факты отрицает.
А она: "Спала́ с ним во дворце".
В доказательство, упорно называет
Факт о пятнышке родимом на яйце́.
Мы заставим Клинтона раздеться.
Пусть покажет оба нам яйца́!
И, тогда, ему не отвертеться:
Призовём к ответу подлеца.
Есть жена, других немало женщин.
Ловелас, хотя и – президент.
Сил его, становится всё меньше,
Но, пока, видать, не импотент.
Соблазнил, увлёк и надругался
Над несчастной дамой, сердцеед!
И теперь, в истории остался
Клинтона неизгладимый след...
Хочется Левински быть святою.
В честь неё проспект не назовут.
Скоро дело шумное закроют,
И, к ответу президента призовут!
Что ж ты, Моника, наделала, зара́за?
Опозорила мужчину на весь свет!
В голове засела эта фра́за:
"Ай донт гив а фак!" – И, весь ответ...

Кто сказал, что нам ужин не нужен

Кто сказал, что нам ужин не ну́жен,
И, что есть нельзя после шести?
Я, теперь, совершенно сконфужен
И не знаю, себя как вести́.
Прочитал я вчера в интернете,
Что теперь “мыслей” новых не счесть:
О́чень плохо сидеть на диете,
Нужно всё, круглосуточно, есть!
Что воды́ много пить – это плохо,
Можно почки совсем загуби́ть.
А, в вопросе с вином – суматоха:
Каждый день его сле́дует пить.
И, в количествах, равных стакану...
Потреблять, если буду, вино –
Алкоголиком, точно не стану,
Только дольше мне, жить суждено́.
А любителям сна – на заметку:
Нужно спать только 5-6 часов.
Восстанавливать нервную клетку
Можно только в присутствии снов.
Если сны не так часто бывают,
Нужно психику укреплять.
И, конечно-же, все забывают:
Меньше сахара употреблять!
И от солнца скрываться не сто́ит:
В нём присутствует “Дэ” витамин.
Прочитал я, вас это – расстроит:
Витамины с аптечных витрин
Роли, в жизни, большой не играют;
Растворив их в обычной воде,
Организм их почти отвергает.
Он не “верит такой ерунде”.

Ну, а с солью вопрос очень спорный:
Сколько нужно её нам съедать?
Но, никто, это о́чень прискорбно,
Не сумеет ответ угадать.
И, ещё, прочитал я такую
"Ерунди́стику", как бы сказать:
Вредно часто ходить в душевую,
Чтобы слой жировой не смывать.

Как же так? Мне твердили другое,
И я верил всему и всегда.
От учёных, услышав такое,
Потерял я покой навсегда.
Что же делать? Я думал ина́че.
Я, тогда, интернет не читал.
А теперь, с этой новой задачей
Расстерялся, и спать перестал.

Кто-то нагадил в подъезде

Кто-то нагадил в подъезде...
Вопросов, как будто-бы, нет.
Не поднимать же на Съéзде
Вопрос: “Для чего туалет?
Нéту продуктов? Так что же?
Будем судить мы кого?
Сильно осýнулись рожи,
Жи́вы пока? Ничего!
Выйти на улицу страшно?
Можно и дома сидеть.
С голоду, – в бой рукопашный?
Силы, ведь, надо иметь.
Хочешь за правду бороться?
Ты – всё ещё, коммунист.
Этим идеям придётся
Кáнуть в пучи́ну, вниз!
Если же, вы́рваться хочешь
Из плена бредóвых идей,
Ты оглянись, между прочим,
На “новых”, на русских людей.
К вере, от атеизма –
Какой-то, лишь, только шаг.
И, против капитализма
Вы́ступит только дурак!
Были и мы, дураками,
Йскры искали вдали́...
И, возгорелось пламя,
Сжёгшее все корабли́.
Что ж, начинаем, в потёмках.
Кто же, теперь, наш враг?
Где ж броненосец “Потёмкин”?
Где же наш крейсер “Варя́г”?

Нет, нам не надо “Авроры”!
Пусть, процветают дворцы!
Будем мы есть помидоры,
Бананы и огурцы.
Хочется жрать, между прочим.
Новые русские мы!
Мы, много ещё что “хо́чем”
Для нашей, для новой страны!

Лежит меж нами меч запрета

Лежит меж нами меч запрета,
Его нельзя переступить.
Я обнажён и ты раздета.
Ночь.Тишина... Откуда это?
Как всё случилось, как тут быть?
Я весь дрожу и ты в томле́ньи.
Дыханье тёплое твоё
Я ощущаю на мгновенье;
И влажных губ прикосновенье
К моим губам... И я – горю!
Рассудок борется со страстью.
Увы, я страсть не поборю...
Лишь миг, и радости и счастью
Открты бу́дут все пути!
Желанья будут все возможны,
И, не́куда от них уйти.
И будет меч поло́жен в но́жны!

Лучше жить на белом свете

Лучше жить на белом свете,
Если хорошо поешь.
Тому́, кто следует диете –
И не позави́дуешь.
Лишний вес, порой одышка,
После тра́пезы – отрыжка,
Сладкий, тихий полудрём...
Вред? Не думайте о нём!
Привилегии гурма́на
Далеко не по-карману
Всем тем чудакам на свете,
Кто так следует диете.
Кто калории считает,
Лишнего не позволяет
Собственному же, желудку;
Сле́по следует рассудку.
Безрассудно жить и кушать:
Кажется, что тяжелей.
Не хотите меня слушать?
Что-ж. Пройдёт мимо ушей.

Октябрь 1996

Лучшие годы текут, словно воды

Лучшие годы текут, словно вóды
Реки большой.
Их не остановишь, сдержать их не сможешь,
Не скажешь:"Постой".
Что б вновь насладиться мгновеньем прекрасным
Любви молодой,
Чтоб выводы сделать, ошибки исправить
В судьде непростой.
Что лучшее было, так врéзалось в память
И этим живёшь.
Любовь поостыла, всё помнишь, как было,
Её не вернёшь.
Где было начало, где счастье отстало –
Не разберёшь.
И, в жизни прошедшей, – постой, сумасшедший,
Его не найдёшь...
Вискѝ побелели, ведь мы постарели
На много лет.
Достигнуты цели и мы поумнели,
И дан ответ:
Зачем мы терпели от жизни так много
Невзгод и бед?
Чтоб нашим потомкам сказать мы посмели,
Что счастья нет...

1977

Любой, достаточно продвинутый еврей

Любой, достáточно продвинутый еврей,
Приехав на недельку в Сан Франциско,
Увидеть должен и “Кармéл” и “Монтерей”,
“Йоси́мити”, хоть путь туда – не близкий.
Не говоря уже о “Нáпе” и “Сонóме”,
Где вин различных дивный аромат
Тебя заставит пребывáть в истоме:
Не пьянство это и не компромат.
Расположился шумный “Чайна Таун”
Не в “Поднебéсной”, но в Америке-стране.
Здесь улицы, как горки: “Ап-энд-даун”
И самая кривая на Земле.
Поверить можно,только ощути́в
Высóты инженерного решенья
В “Бей-бридж”, протянутого сквозь залив,
Как дух приподнятого настроенья!
Мост “Голден Гейт” проходит красной нитью
Сквозь город, как Амýрова стрела.
Сердцá пронзая, будто по нáйтью
Любви́. Чтоб только искренной была.
В районе “Кастро” однополых пар
Повсюду встретишь радостные лица.
А этот знамени́тый “Кэйбл кар”,
В котором ты обязан прокатиться!
Что говорить? Пустая трата слов.
Сто раз услышав, лучше видеть раз.
Я, без сомненья, посетить готов
Опять и “Фи́шерман” и “Алкатрáз”.
Есть городá, которые мы очень любим.
И Сан Франциско – он один из них.
Увидев раз, его мы не забудем.
Ему я посвящаю этот стих.

Маленькая птичка

Маленькая птичка
Пела под окном.
Плавно, по-привычке
Двигала крылом.
Будто бы боялась:
Вдруг обидит кто?
Потому старалась
Придержать крыло.
Что б взлететь быстрее,
Взяв ориентир.
Где свободно реет
Вольный птичий мир...
В человечьей доле,
Так же, как у птиц,
Есть стремленье к воле,
Воле без границ.
Сколько б мы ни пели,
Каждый о своём,
Нам не надоели
При́тчи о было́м.
Всё не безупречно,
Но стреммся мы,
Наши, человечьи,
Лучшие умы
Думают, стараясь
Наш исправить мир.
Нам, как птичьей стае,
Взять ориентир.
И вперёд стремиться,
Но не на “авось"...
Что б не только птицам
Вольно так жило́сь!

Апрель 2012

Март. Весна. И вновь – твой День

Март. Весна. И вновь – твой День.
Ты опять считаешь прóжитые годы.
Не грусти и сбрось печали тень.
Улыбнись. Ты знаешь, дар природы
Женщине: спокойствие и радость,
Доброта и вера в светлый час,
Нежность у любви, дарящей сладость...
Позабудь ты горести, которые подчас
Доставляет жизнь, и будь счастливой,
Женственной и ласковой, здоровой,
Вечно молодой, всегда красивой!
Мы ж даём тебе с сынулей слово:
Быть с тобой друзьями на всю жизнь.
Ты за нас, по-прежнему, держись!
Мы опять, в компании друзей
Пьём за молодость, пусть будет вечной!
Пьём за счастье в жизни быстротечной!
Что ж… Ты нам до “крáешка” налей!

Мамины пельмени

Очень вкусные пельмени
Мама делает моя.
Хоть поставьте на колени,
Врать не буду я.
Много всякой вкусной пищи
Ел, конечно, я.
Но, такой вот вкуснотищи
Ты на всей Земле не сыщешь!
Верьте мне, друзья.
Если мама пожелает
Мне пельмени дать,
Тесто гладко раскатает,
Мясо курицы оттает, –
Стану помогать.
Мясорубку, хоть и трудно,
С удовольствием кручу.
И лепить пельмени дружно,
Вместе с мамой я хочу.
Белоснежные комочки
На доске лежат.
Я скажу, уже нет мо́чи
Мне стоять и ждать.
Их в кастрюлю запустила
Мама, наконец.
Лук, “лавру́шку” положила,
Сколько нужно посолила...
Скоро ли конец?
Слюнки я так и глотаю,
Рядышком стою.
Маме, вроде, не мешаю,
На огонь смотрю.

Наконец, они готовы!
Пар от них идёт.
Не могу сказать ни слова,
Всё во мне их ждёт!
Вот дымящееся чудо
Мама достаёт.
Очень скоро есть их буду,
Аж открылся рот!
Я их посолю немножко,
Отнесу студить к окшку.
Покажу́ их всем,
Перед тем, как съем.
Я – не жадный. Поделиться
Можно, пополам.
Приходите веселиться,
На пельмени, к нам!

Мгновенье – жизнь

Мгновенье – жизнь. Лишь миг – семь лет.
Ты мне скажи: красив букет?
В наш день тебе его дарю.
И никого я не корю́
За седину висков своих,
За то, что грусть в глазах твоих.
Я их люблю. и мне без них
Бывает трудно на Земле.
Возьми букет, дарю тебе.
Цветы роняют лепестки,
Теряют свежесть, цвет и блеск.
Прикосновение руки –
И вот, букет совсем "облéз"...
Так годы, будто та рука,
Срывают свежесть, блеск и лоск.
Но мы, пустых два стебелька,
Задать хотим один вопрос:
Жалеешь? Нет...
А может – Да?
Тогда возьми, поставь букет.
В нём – нашей жизни красота!

1979

Меня осенило свыше

Меня осени́ло "свы́ше",
Где деньги сделать, и как.
Я чуть не "поехал крышей";
Удачи подня́л я флаг.
Удача вложений в финансы
Приходит, отнюдь, не всегда.
Но, предоставляет шансы,
Весо́мые, иногда.
Секрет раскрывать я не стану.
Скажу только: риск в этом – есть.
Я на́чал и не перестану
Трудиться. В работе я весь.
Я, что-же дурак, отказаться?
Пусть требуется попотеть.
Смогу я во всём разобраться,
Ведь главное – очень хотеть!
А всё гениальное – просто,
Лишь нужно идею разви́ть.
И, с ней, не по-детски, а "взросло"
На деле успех закрепить.
Не все поговорку знают:
Что рыбку тащить из пруда
(И этот процесс понимают),
С затратами нужно, труда.
Конечно же, надо трудиться,
Желательно – головой.
И многого можно добиться
В системе финансов такой.
Есть опыт, удача, везенье.
Они дивиденды дают.
Но, я отдаю предпочтенье
Процессу, с названием "Труд"!

Милой, восхитительной Надежде

Милой, восхитительной Надежде,
В день весенний, день апрельский твой,
Пожелать хотим мы, как и прежде,
Счастья, радости, любви большой.

Пусть тебе сопутствует удача.
Годы повернут теченье вспять.
Лишь волнует пусть тебя задача:
Быть всегда такой, с оценкой “Пять”!

Ты поверь: мы искренне желаем,
Чтоб сбывались все твои мечты.
Ты – упорная, и все мы это знаем:
Трудности преодолеешь ты.

И на жизнь, с уверенностью гля́дя,
Выбираешь правильный ты путь.
Верим, и надеемся мы, Надя,
Что с него не сможешь ты свернуть.

1981

Мне 30 лет

Мне разрешите тост сказать
В честь самого́ себя.
Я для себя хочу создать
Дел массу, не зазря́.
Хочу сказать что я такой
Хороший, не плохой.
Что интересно быть со мной,
И я – простой, земной.
Что я – хороший семьянин,
Работаю, как вол.
Что позабыл давно вкус вин
И милый, женский пол.
Что я, как муж, как сын, отец,
Могу примером быть.
Что я – красивый, наконец,
(Про это б не забыть)!..
И много разных, добрых слов
В свой адрес повторю.
Я – просто “ангел”, и готов
За всё “почи́ть” в раю...
Но, очевидно, всё – не так,
В деталях и – совсем.
Такой же я, как все, чудак,
Чудак на букву “М”.
Так. Хватит слов. Налейте нам.
А мне же – больше всех.
И выпьем за прекрасных дам,
Любовь, Весну, Успех!

1978

Мне бы с мыслями надо собраться

Мне бы с мыслями надо собраться.
Голова постоянно болит.
Мне хотелось бы разобраться:
Кто и что обо мне говорит.
Говорят, не совсем я нормальный
И что я – чересчур заводной;
Что характер имею скандальный
И общаться не просто со мной.
Что – взрывно́й, импульсивный и даже
Никому не хочу уступить.
“Да он – псих”. И “он всем нам покажет”–
Обо мне стали вдруг говорить.
Я, наверное, просто не думал:
Что и как происходит со мной.
И, не я это первый придумал,
Чтоб характеру дать “выходной”.
Чтобы пыл мой сумел остуди́ться,
Я в работу “уйду с головой”.
Буду занят и, как говорится:
Это “не заржаве́ет за мной”.
Я мечтать, вроде, не разучился.
Даже верю, порой, в чудеса.
Значит, с юностью не разлучился
И мечты рвутся вновь, в небеса!
Знаю: быть мне нельзя агрессивным.
Не нужны́ мне “шипы” и “броня́”.
Но, прожить в этом мире пассивным,
Эта формула – не для меня!

Мне вчера приснился сон

Мне вчера приснился сон.
Так хочу, что б был он ве́щим.
Был похож на сказку он...
Удивительные вещи
Видел я, в том ди́вном сне:
Что болезнь, рак зловещий
Побеждён.Так снилось мне;
Что я, вроде бы, здоров,
По́лон сил и дивных планов
И, забыв про докторов,
Вскоре я спортсменом стану.
Что однажды, в Лотерею
Много выиграю я.
Денег я не пожалею:
В жизни многое сумеет
Получить моя семья.
И, не только для себя я
Бла́га все эти хочу.
Хоть семья моя – большая,
Ну́жды многих понимая,
Помогаю, всем плачу́.
Чтобы были все здоровы;
Мир пришёл бы в каждый дом;
Чтобы мирные основы
Были б, далеко не сном.
К сожаленью, сон мой длился
Только несколько часов.
Я, конечо, пробудился,
Но, забыл закрыть “засов”
На мои мечты и планы,
Что мне снились утром рано...
Очень бы хотелось мне,
Что б всё было, как во сне!

Мне надоело ездить в диком трафике

Мне надоело ездить в диком трафике.
Устал я очень, больше не хочу
Так жить, в стеснённом этом графике:
Я злюсь, ругаюсь и, всегда ворчу́.

Но я считаю, это – безобразие:
Так время тратить, чтобы в трафике сидеть.
И каждый день так долго ездить, разве я
Когда-нибудь бы, смог бы захотеть?

Дождь на фривее льёт довольно сильный.
Кто здесь не ездил, тот не понимает:
Когда ползёт поток автомобильный,
Как каждый в этом трафике страдает...

А до́ма, с нетерпеньем, ждёт жена;
И на обед собра́лась вся семья.
Ну вы скажите мне, кому она нужна,
Такая жизнь, доро́жная моя?

Мне сын сказал

Мне сын сказал: “Ну, ты даёшь!”
И сыну я тогда ответил:
“Даю и рад, что ты берёшь,
Что ум мой здрав ещё и све́тел.
Когда ж я не смогу давать,
Мне будет грустно и печально.
Поэтому, старайся брать
То, что доступно изначально!”

Мне кажется порой, что мы женаты...

(Под мелодию: "Мне кажется порою, что солдаты...")

Мне кажется порой, что мы жена́ты
Не со́рок лет, а с первых детских слов.
Я помню, ты сказала мне когда-то,
Что вместе будем до последних снов.

А сны у нас бывают и цветными,
Хоть жизнь и чёрно-бе́лою была,
Но, оставаться будут дорогими
Все в нашей жизни добрые дела.

Как быстро оба сына повзрослели,
Один уже с десяток лет женат.
Мы даже оглянуться не успели,
Как внуки стартовали жизни ряд.

Они нам не дадут уйти так рано,
Мы им нужны на жизненном пути.
Ну, что ж, давай зализывать все раны:
Нам предстоит вперёд ещё идти.

Судьба для нас поставила задачу:
Дожи́ть ещё до сваьбы золотой.
Я никогда не се́тую, не пла́чу,
Я счастлив в том, что ты всегда со мной!

Мне всё давно казатся перестало,
Всё в жизни происходит наяву́.
Я жизнь свою бы повторил с начала,
Неважно, сколько лет я проживу.

Когда-нибудь ведь этот день настанет,
Как белый пух слетает с тополей,
Как жи́лка жизни биться перестанет,
Мы превратимся в белых лебедей.

И, полетим к родным своим мы в ста́ю.
Я поддержу тебя своим крылом.
Мы будем наблюдать, я – это знаю,
За нашим, сви́тым на земле гнездом...

Можно нетактичность проявить

Можно нетактичность проявúть,
Женщину спросив её годá.
Мы же, не боясь так поступить,
В цифры не поверим никогда.

Вы так мóлоды, стройны́ и веселы́,
И в глазах у Вас такой задорный блеск,
Что мужчины, пусть “из-под полы́”,
Взглядов не сводили мощный всплеск.

К Вам навстречу хочеться идти!
Вы, как женщина, – пример для всех.
Пусть на Вашем жизненном пути,
Вам всегда сопутствует успех!

В Вас – энергии река – не переплыть.
Хочется Вам “дифирáмбы” петь.
Вам, такой, ещё с пол-века быть!
С Вами рядом будем молодеть!

Мой День рождения в четверг

Мой День рождения в четверг.
(Дождя мне только не хватало).
Причин грустить – и так не мало,
А дождь в уныние б пове́рг.

О грусти и причинах кратко
Хочу вам рассказать, друзья.
Пусть исповедаться нельзя,
Скажу я прямо, без оглядки.

Летят года, увы, для всех
Мы ощущаем лишь моменты,
Когда, отбросив сентименты,
Мы рвёмся к цели и успех,
Которого все ожидают,
Другим порою зла желают,
Он – существует не для всех.

Увы, но долг отдав терпенью,
Осознаёшь ты, к сожаленью,
Что проигравший ты игрок,
Удачу выиграть не смог…

Мой знакомый, Мухаммед

Мой знакомый, Мухаммéд
Подошёл ко мне в обед.
Предложи́л мне в клуб пойти,
Вместе время провести.
Отказать ему не мог:
Может тоже он – пророк?
И вопрос был очень то́нок:
Может он – его потомок?
В общем, связь с таким субъектом
Быть должна политкорректной.
Да простит меня Аллах,
Если что скажу не так...
О религии вопросы
Я старался опустить.
Чуть не так, для “них” всё просто:
Взять “неверного”, убить!
О наследии Ислама
Видел фильм я на “Ю-тьюб”.
Что же там творилось, мама..!
Свет “неверным” стал не люб.
То́лпы в ярости ревели,
На посольства с боем шли.
Мусульмане озверели:
Флаг Америки сожгли.
Убивать людей посольства,
Сеять смерть и тут и там,
Выражая недовольство.
Так ли их учил Ислам?
Много у людей реликвий
И традиций, им под стать.
Но какая из религий
Учит жечь и убивать?

Все насме́шки над Пророком
Мусульманам – острый нож!
Всем “неверным” – “выйдут бо́ком”,
Всех людей пове́ргнут в дрожь.
Быть ли мне политкорректным?
Я насмешки всем прощу,
Но злодеев несусветных
В дом родной свой не пущу́!

Московская командировка

Вот и кончилась Московская поездка.
Е́дем мы, уставшие, домой.
Вот купэ: Ники́форыч с невесткой,
Рядом – Зайден и Борис больной.
В коридоре Лёня курит а́дно,
Ле́ра не нахвалится пальто.
За́йдену обидно и досадно,
Что насос не “подтверди́л” никто́.
Смех от разных шуток, разговоров
О покупках, радостях своих.
А Стоя́нов ищет всё партнёров
“Раздавить” бутылку на троих.

Вот Лера, с Ерёменко рядом:
Консервы у них, и меха.
Но, постороннему взгляду
Покажется: всё – чепуха.
Вот, грустный Володя в постели,
С тоскою глядит он в окно:
Не смог он за эти недели
Купить сапоги “Марабо́”.
Вы спро́сите: “Как же работа?”
И “Как лицевы́е счета́?”
Для За́йдена – это забота,
Задумался он не проста́.

Все сидят, о чём-то размышляют,
Вероятно, каждый о своём.
И, конечно, каждый помышляет
Поскорей в родной вернуться дом.

Нас в Дирекции родной заждáлись,
Премиями будут нас встречать.
А за комплектáцию, едва ли,
Рапопóрт наш будет отвечать.

Москва – Куйбышев
Февраль 1974

Мой старший сын

Мой старший сын, ты – именинник.
С трудом могу я осозна́ть,
Что через восемь лет, “полти́нник”
Тебе придётся разменять.
Не хочется стареть, но, гля́дя,
Как внуки не по дням растут,
Поверь, мой сын, что вас всех ради
Родители твои живут.
Но я кривить душой не стану:
Мы думаем и о себе.
Я повторять не перестану,
Что благодарен я судьбе.
За то, что дети есть и внуки,
Что их проблемами живём.
Готовы мы подставить ру́ки,
Оберегать вас день за днём.
Хотел бы я, чтоб в жизни вашей
Сбывались лучшие мечты.
Чтоб ты в решеньях не́ был “кашей”,
Отец семейства, всё-же, ты.
Дерзай. Будь строгим, только в ме́ру.
Будь счастлив и всегда здоров!
И, следуй доброму примеру
Всех лучших в мире докторов.

Мы бегаем, мы мечемся, мы мчимся

Мы бегаем, мы ме́чемся, мы мчимся.
Энергию нам некуда девать.
Мы, как всегда, стараемся, стремимся
Друг другу что-то, как-то доказать.

Мы, всё-же, очень разными бываем.
По-разному мы любим и живём,
Не одинаково завидуем, страдаем,
Грустим, смеёмся, плачем и поём.

Пусть каждый хочет жизнь прожи́ть “на взлёте”,
Но, предначе́рчен каждому – свой путь.
Мы – в бешенном, стремительном полёте,
Но, время требует на землю нас вернуть...

Чтоб к берегу какому-то прибиться
И ритм жизни как-то изменить,
Приходится нам всем остепениться,
Стараться по-спокойней жить.

Когда смиряемся и пыл наш угасает,
С годами, мы становимся “тускле́й”.
Земля все эти “циклы” повторя́ет
И жизнь продолжается на ней.

Мы – русские!

Поня́ть Россию не легко,
Пусть даже опыт есть в общеньи.
Вы, от России – далеко,
И мы, в своём нравоученьи,
Пытаемся всем доказать,
Что крепкий мы ещё орешек.
Что нас не надо обзывать;
Не надо “кислых мин”, усмешек.
Мы пьём испанское вино.
Едим бельгийские конфеты.
Нам абсолютно всё-равно,
Какие курим сигареты.
Мы отдыхаем за границей,
Мы любим Турции курорты.
Бываем на Мальдивах, в Нице.
Для нас открыты все “ризо́рты”.
Американское кино
Для нас давно примером стало.
Вокруг нас русское дерьмо,
Которого так много стало.
Английский любим мы язык,
И применяем повсеместно.
Наш росиянин так привык,
Что “русскому” бывает тесно.
Лишь только крепкий русский мат
Нашёл везде распространенье.
Какой в России дипломат
Ему не знает примененья?
В дипломатических круга́х,
(Чего не скажешь о народе)
Ему предшевствовал бы “шах”,
Но, уникален по природе
Российский вездесущий “мат”.

И без него не обойтись
В обычной, повседневной жизни.
И выдали ему манда́т,
Благодаря его “хари́зме”.
Мы в дипломатии сильны́!
Мы можем миру показать,
Как сильно воуружены,
И многих можем наказать!
Нас обвиняет целый мир
В военных, диких преступленьях.
Всё отрицает наш куми́р,
Наш Путин, в разных выступленьях.
Мы техникой снабжаем мир,
Пусть в большинстве своё́м – военной.
Кому не нравится – в “сорти́р”!
И там замо́чим непременно!
Пугают санкциями нас;
Уколом сильным, внутривенным.
Так мы заме́ним ананас
На ту же ре́пу, с соком хре́нным
Не будет и́мпорта, так что-ж,
Всё будем потреблять родное.
Пусть больше заграничных рож
Оставят лучше нас в покое.
Мы – русские. И фокус в том,
Что жить хотим мы всё-же кра́ше,
Не оставляя на потом,
Что может стать сегодня нашим.

Май 2017

Мы все отмечаем да́ты

Мы все отмечаем даты.
Нам кажется, что не стареем.
Вполне вероятно, когда-то
О чём-то мы пожалеем.
Быть может, мы мало любили;
Себя мы найти не сумели...
Но главное, – то, что мы были
И в будущее смотрели.
А будущее – это дети.
Мы вместе с ними на марше.
За них мы всегда в ответе,
Не важно, что стали мы старше.
Да разве в возрасте дело?
Душа – инструмент из главных!
На нём бы сыграть умело,
Чтоб не было в жизни равных!

Мы едем. Вроде – едем

Мы едем. Вроде – едем.
Мы в трафике сидим.
Неважные соседи.
Мы, вроде, все сто́им.
Мы едем, не смеёмся
И песен не поём;
Не скоро доберёмся,
Мы – медленно ползём.
Тра́-та-та, тра́-та-та:
Ситуация – проста́.
Я – не забия́ка,
Но злость толкает в драку.
Виноват кто, – мы не знаем...
Вот, – история какая!
Китаец, в “Мерседесе”
Расслабился совсем,
Почти стоит на месте
И, лишь, мешает всем.
“Лати́носы” на тра́ке
Стараются пролезть.
Пора нача́ться драке,
Что б сбить с них эту спесь.
Тра́-та-та, тра́-та-та:
Просто́им мы до утра;
Если “эксиденты”,
С “у́зкими” – моменты,
Обезьяны, попугаи, –
Вот, – компания какая!
Вот, – компания какая!

Мы зашли, по-соседски

Мы зашли, по-соседски
С Днём рожденья поздравить.
Мы – почти однолетки,
Даже трудно представить...
Но, совсем мы не ста́ры
И, ещё можем выпить.
Можем спеть под гитару,
Только слов не забыть бы.
Пусть летят наши годы,
Лишь бы весело было!
Мы попросим природу,
Что б наш возраст забыла...

Мынулои недили

(На украинском языке)

Мыну́лои неди́ли
Пишо́в я на веси́лля
И до́брои гори́лкы
Я там покуштува́в...
Та кля́тая гори́лка,
Мэнэ́ до понэди́лка
Зробы́ла ду́же хво́рым
И я – нэ працював.
Я до своéи ха́ты
Пишо́в видпочыва́ты.
Пьяны́ця я завзя́тый,
Нэ змиг я працюва́ты,
Напы́вся, як свыня́...
Що б я хоти́в дода́ты
(Це ж, як мои цыта́ты),
Що пропону́ю я:
Як пи́деш на веси́лля,
Та й вы́пьеш то́го зи́лля,
Бажа́еш погуля́ты,
Спива́ты, танцюва́ты,
Ты подывы́сь навко́ло,
Та й зву́зь весéле ко́ло.
Ты ти́лькы пам'ята́й:
Що ма́еш ты забо́ту,
Бо за́втра – на робо́ту.
Про цэ – не забува́й!

Мы сидели, пили чай

Мы сидели, пили чай,
Тихо так вели беседу.
Я, как-будто невзначай
За́дал вдруг вопрос соседу.
Как он получить сумел
По “ло-и́нкому” жильё?
Да, он – ло́вок, в меру смел,
Но он, всё-же, не жульё.
Он в стране – немало лет.
В по́те он “пахал” лица.
Знаю я, он – мой сосед;
Я б увидел подлеца.
Но, когда он “Эс-Эс-Ай”
Вдруг програму получил,
Это было “через край”,
Этим он меня “убил”.
Значит что-то здесь не так
В “перенапряженьи” жил.
Я подумал, я – дурак,
Жизнь не правильно прожи́л.
Я “пахал”, как идио́т.
Я налоги все платил.
Он же – всё наоборот:
Только кэш себе копил.
Он работал, спо́ру нет.
Путешествовал, гулял.
Где ж его “добро”? Ответ:
На родных всё оформлял.
Документы ты проверь:
Был он бе́ден и гони́м.
Стало быть програмы дверь
Отворилась перед ним.

С виду он вполне здоров,
И визитами не очень
Беспокоит докторов:
Забегает “между прочим”.
Ходит в джим, на океан.
Тело держит в нужой форме.
Ну, не дед, а – ”мальчуга́н”,
У него здоровье – в норме.

И, при этом “Медикел”
Получает с “Медикером”.
Наш “постре́л везде поспе́л”,
Как сравнить с пенсионером?

Мы сидели, пили чай.
Оборвалась мысли нить...
Что ж, молчи, не отвечай.
Что ты можешь изменить?

На меня напала, вдруг, тоска...

На меня напала, вдруг, тоска...
Жизни городской с меня дово́льно.
Я построю за́мок из песка,
Буду жить спокойно и привольно.
Птицы, мои новые друзья,
Свет луны и звёзды в поднебесье...
Лишь теперь преобразился я,
Сча́стлив стал, спокоен, бодр и ве́сел.
Я ушёл от всякой суеты.
Только грусть меня порою гложет;
Знаю: где-то там, осталась ты.
Я хочу, что б ты была здесь тоже.
Я хочу, чтоб были мы вдвоём.
Мы разде́лим всё, что только можно.
Мы стобой, прекрасно заживём.
Верю я, что это всё возможно.
Только где-то, в глубине души́,
Мысль мне не даёт покоя:
Да, все обещанья – хороши́,
Но меня, как-будто, беспокоит
Правильность решенья моего:
Убежать от дней таких привычных,
Чтобы не осталось ничего
От моих сомнений безграничных...

На стене, возле стола, твой висит портрет

На стене, возле стола, твой висит портрет.
Стул за тем столом стои́т, словно в ожидании.
Трудно верить, что тебя с нами больше нет.
Нет засто́лий праздничных, как бывало ранее.

Но порой, шальна́я мысль све́рлит мне сознание:
Может ты – в командировке, необычно длительной,
И уехал ты надолго, в страны очень дальние...
Только ждать из ниоткуда – очень утомительно!

"Подстелил соломку", – знал бы, где ты упадёшь.
От судьбы, как ни старайся, про́сто не уйдёшь.
Были стрессы и стремленья, труден был твой путь.
А, счастливые мгновенья, – нам их не вернуть.

Как хотелось бы, всем нам, верить в невозможное:
Во главе́ стола, тебя – видеть наяву!
Мы замрём: ты, там сидишь... Но виденье – ложное,
И, к большому сожаленью, это – "Дэжа-ву".

Время ле́чит. Время мчится, не догнать его.
Может много приключится в жизни и судьбе.
Твой портрет – не запылится. Сына своего
Ты любил... И в нём продлится память о тебе!

А жена, слезу смахнула со своей щеки́.
Видно: для неё страданья – очень не легки.
Ты ушёл, осталась рана, – долго ей болеть...
В горе ей одно доста́лось: на портрет смотреть.

На счастливую Ирину

На счастливую Ири́ну
Бросил я свой острый взгляд,
Чтобы разглядеть причину,
По которой, говорят,
Человек меняет в ко́рне
Жизни стиль, привычки, формы...
Он становится проворней,
Энергичней, выше нормы.
Что ж, бывает так на свете.
Просто, появился вдруг
В жизни Иры не́кто – Петя,
Новый, "интересный" друг.
Что случилось с жизни хо́дом,
С этим, Петиным приходом?
Просто, жизнь иною стала,
На другой вито́к пошла.
Наша Ира перестала
Горевать, себя нашла:
Обрела она покой,
Долго не была́ такой.
Что же, Гитерман Ирина?
Мне представилась картина,
Где ты продолжаешь путь.
Жаль, Альбе́рта не вернуть...
Вместе с жизнью мы летим.
Одинаково хотим
Отдохнуть в конце пути,
И покой свой обрести́.
Друг на друга мы похожи:
В профиль, или же в анфас.
Каждый хочет в жизни тоже
Счастье испытать, хоть раз!

Наши мамы уходят так рано

Наши мамы уходят так рано...
Сколько лет бы они не про́жили,
Оставляют душевные раны,
В горе, делают нас похожими.

Мамы да́рят нам жизни и вечность.
С первых дней, нас лелеют, ласкают.
Ду́ши мам, улетев в бесконечность,
Нас, одних на Земле оставляют.

Их сердца́, в жизни очень рани́мые,
Перестанут, когда-нибудь, биться.
Ру́ки мамы, ни с чем не сравнимые,
До последнего дня будут сниться.

Пролетают они, как птицы,
Нежно с ветром в листве играя.
Нам приходится с ними проститься:
Вечной жизни нигде не бывает...

Нашим соседям

Послушай, Света!
Здесь, почему-то, вечно лето.
И все вопросы – без ответов,
Твоих советов.
"Подружка" Света!
Ты нам, как "здра́сьте" той собаке,
Но, мы совсем, не забияки.
Нам – не до драки.
Нам интересно,
Когда же станет всем известно,
Что переход из " гря́зи в кня́зи"–
Для всех, не так уж безобразен.
И, но́вый "медик",
По "Вестерни" стрелой промчится.
Нам сто́ит, всё-же, научиться
Вот та́к взлетать!

Соседка Мая!
Тебя, с трудом мы понимаем,
Не потому, что мало знаем,
Не уважаем.
Ты – ра́нгом выше
(Живёшь почти под са́мой крышей)
И, с медицинским своим "взглядом",
Не встанешь рядом.
Я твёрдо знаю,
Что, на серебрянной посуде
Едят "совсем другие люди".
И, что за Люди!
Послушай, Ма́я:
Твои́ слова́ я вспоминаю,
Себя поверить заставляю,
Хоть не желаю.

"Всё стоит "центы",
И, "не берут совсем проценты"...
А будущие пациенты
Сидят и ждут.
Когда же, Мая,
Которая так много знает,
И, даже душу понимает,
Врачём придёт?
А то, что знаний
Не стало больше на диване,
И не "импру́вался" в кармане
Диплом врача –
Не так уж важно,
А, главное, пойти отважно
Сдавать экзамен, очень важный...
Язык не зная,
Не далеко уедешь, Мая.
Причём, в отсутсвии трамвая,
При этом, даже не взирая
На твой напо́р.
Какой уже здесь разговор?

Сосед наш Виля!
Ты, как "Собака Баскерви́лей",
Наверняка, не очень страшен,
Но, – очень важен...
Твоя улыбка –
Готова склеить то, что хлипко,
Вранья песок, а это – зы́бко.
Ты – наша "Рыбка"!
Послушай, Ви́лли:
Силён в науках ты, иль "си́лен",
Но, по-английски, слово "си́ли"
Подходит Виле.

Держи в “зана́чке”
Идею: “искупа́ть собачку”
В тако́й большой, соседской ванне,
У тёти Фани.
Ты – “Шви́цер” сильный.
В Америке, хотя и “вильной”,
Держи характер, –
Не “Хиротра́ктор”!

1991

Не говори, что не нравлюсь тебе я

Не говори, что не нравлюсь тебе я.
Не говори, всё равно не поверю.
Разве любовь может быстро кончаться?
Мы обязательно будем встречаться.
Может ты во́все меня не любила?
Вихрем вскружи́ла и бросить решила,
Как надоевшую в детстве игрушку.
Сердце моё взяла́ ты “на му́шку”.
Чувством моим вдо́воль ты наигралась,
И для тебя это – детская шалость…

1972

Не Вознесенский не Андрей я

Не Вознесе́нский не Андрей я,
И в Риме не́ был никогда.
Но я, ничуть не сожалея,
Берусь за ручку иногда.
Тогда ложи́тся на бумагу
Мой стих, мой стиль, моя строка;
И я прошу: “звэрни́ть ува́гу”,
Что я теряю “ривнова́гу”
И над листом дрожит рука...
Я приложу своё терпенье.
Мозг восспаляется подчас.
Душа горит и вдохновенье
Ко мне приходит, пусть на час.
Ты знаешь, в этот час безумный
Не вижу будто я ни зги.
Не знаю, в этот вечер лунный
Мне что-то давит на мозги.
И, как от “му́зы” поцелу́я
Я зажигаюсь и горю,
Писать стихи тогда хочу я
И, вечерами я – творю...
Но я – такой, как все, десятки,
Как сотни, тысячи людей.
Готов, как все, я, без оглядки
Удрать от трудностей, затей,
От передря́г, от пересу́дов,
От равновесья, как-когда...
Хотя, бывает, бить посуду
Необходимо иногда.

Но, всё-таки, вопрос не в этом.
Я, иногда, горю огнём!
И чувствую себя поэтом,
И ночью, вечером, и днём.

Декабрь 1983

Не законченные стихи

Не законченные стихи...
На бумаге обычной, пи́счей.
Просто мысли, грёзы, штрихи́
Вдруг духовной становятся пищей.

Мысли вслух, настроение, что-то,
Что не даст мне уснуть, бедола́ге.
Остаётся одна лишь забота:
Изложить это всё на бумаге.

Часто, это не просто слова;
В рифме "крутятся" целые фразы.
Иногда так болит голова
От напрасной, словесной "заразы".

Расстревоженный мыслей рой,
Так гудящий, как настоящий,
Посещает меня. И, порой,
В неизвестность меня уносящий.

Часто времени просто нет,
Или строчка никак не "ложи́тся".
В этом случае – есть ответ:
Соберись, и не нужно лениться.

Не законченные стихи...
Разобраться мне кто в них поможет?
Хороши́ они, или плохи́,
Дописать их мне хочется, всё-же.

Не спрашивай, пожалуйста, о том

Не спрашивай, пожалуйста, о то́м,
Зачем всё оставляю на "пото́м",
Отказываюсь выполнять, подчас,
Всё то, что можно выполнить сейчас.
И почему порой бываю груб,
С "оби́женностью" вдруг надутых губ?
Теряю равновесие не раз,
И остываю, где-то, через час...
Я часто удивляюсь сам себе:
Зачем так больно делаю тебе?
Такое не приснится и во сне.
Зачем упрямство это нужно мне?
Ну что могу сказать тебе в ответ?
Я понимаю: идеальных – нет.
Тебя ни в чём не стану обвинять,
Но, постарайся ты меня поня́ть:
Что, в общем, не являюсь я плохим.
И ты, не представляй меня таким.
Хочу, как прежде, сдержанным я быть.
Плохое нужно, всё-таки, забыть.
А жизнь у нас бывает не проста́.
Как говорится, "с нового листа́"
Нам, иногда, всё хочется нача́ть,
Чтоб не осталась прошлого печать...

Не только в день Восьмого Марта

Не только в день Восьмого Марта
Твоим Вальто́м хотел бы быть!
Но тщетно всё, и би́та карта.
Мне ве́лено тебя забыть.
Ведь есть Король. Его любить
Поло́жено трефо́вой Даме.
Вальту́ придётся всё забыть;
Печален он, не верит драме,
Но, видно, так тому и быть...

Не хочу ненастья

Не хочу ненастья
Для родного края.
Разные напа́сти
Всё-таки, бывают.
Мы, на белом свете,
Об одном мечтали:
Что бы наши дети
Горя бы не знали.
Не гневи́ природу,
В ней же – всё бывает.
Жадно пьёшь ты воду,
Жажду утоляя.
Но, бывает жажда
И другая – ме́сти.
Вдребезги, однажды
Разобьёшь на месте
Ты чужую душу
И людску́ю веру.
Целый мир разру́шишь, –
Надо же знать меру!
Так же не годится
Существу живому:
Перелётной птице
Век скучать по до́му...
Позабудь о мести
И прости другого.
Разберёмся вместе,
Что же тут такого?
Перестань быть нервным.
Он – тебе под ста́ть.
Должеп кто-то первым
Драться перестать!

Не стоял бы в этом зале

Не стоя́л бы в этом зале.
Не смотрел бы в ваши ли́ца,
Но мне тихо подсказали,
Что я сплю, и всё мне снится.
Ущипнул себя я: – больно!
Значит я не сплю уж точно.
Шутки – в сторону, довольно.
Кто-то пошутил нарочно.
Чтоб не сообщил я факта,
Что пришёл к нам Новый год.
Не в обличии теракта,
А совсем наоборот.
Где-то, в глубине Вселенной
Появился этот миг.
Он на скорости мгновенной
В виде Года к нам проник.
Прилетел он с явной целью:
Вызвать радость, смех до слёз,
Чтобы дать простор веселью,
Чтоб поверили всерьёз,
Что наш Мир счастли́вей станет;
Будем здорове́е мы;
Что пугать нас перестанет
Призрак зреющей войны.
Будем мы добрей и кра́ше
Ру́ки всем друзьям пожмём.
А врагам укажем нашим
Путь, куда мы их пошлём.
Может разными путями
Мы по Миру все идём.

Счастье создаём мы сами
На Земле. Она – наш Дом!
Будут дви́жимы весельем
Люди, где б они ни шли.
С Новогодним новосельем!!!
Мы – в шестнадцатый вошли!
В год весёлой обезьяны
Нужно всё пересмотреть.
Все просчёты и изъяны
Можно в памяти стереть.
И за дело взя́вшись рьяно,
С теми, кто тебе под стать,
Можно эту обезьяну
Без труда за хвост поймать.
Пусть шампанское искрится!
Может это – “дежа-ву”?
Вижу я веселье в лицах,
Не во сне, а наяву!

Декабрь 2015

Нужно быть добрым и сильным

Нужно быть добрым и сильным.
Слабым и злым быть нельзя.
Будь современным и стильным:
Зауважают друзья.
Девочки любят отважных.
Тру́сости не проявляй.
Всегда, ты в делах, очень ва́жных,
Зна́чимости не убавляй.
Вежливым быть постарайся.
Грубость тебе не идёт.
И, только не зазнавайся,
Если удача придёт.
Нужно быть мудрым в решеньях,
Не действовать сгоряча.
И, пребывая в сомненьях,
Ты "не руби́ с плеча́".
И, если, вдруг неудача
Пости́гнет, в чём-ли́бо, тебя:
Действовать пробуй иначе;
Переосмысли себя.
Рассчётливость – это не жадность.
Старайся ты грань уловить.
Во многих свершеньях, пара́дность
На скромность сумей заменить.
Не мальчик: давно уже вырос.
Нельзя снисхожденья просить.
Эмоций излишних вы́брос
Ты вовремя должен гасить.
Ты можешь, достаточно взросло
Шагать, и не сбиться с пути.
Да, это бывает не просто:
Искать, добиваться, найти!

Ну, вот и вы тридцатник разменяли

Ну, вот и вы тридцатник разменяли.
В совместной жизни – трудные доро́ги.
Всё было: радость, горе и тревоги.
И, в мыслях никогда не изменяли
Вы дружбе старой, крепкой и святой.
Как Ева и Адам, прекрасная вы пара.
И, в наши времена́, зовётесь вы "круто́й",
Счастливой парой, вечно молодой.
Надолго хватит, пусть, энергии и "па́ра"
Крутить колёса жизни не простой.
Успехов радость мы разде́лим с вами.
Подставим плечи, если будет нужно.
И помните, что мы, не за горами.
Всегда мы рядом. С нами наша дружба.
Мы, с вами вместе выпьем по рюмашке
За ваше счастье, радость и надежды.
Лет через сто, мы выпьем "простоква́шки",
А в остальном, – всё будет, как и прежде.

Ну что хочу сказать я, Фред

Ну что хочу сказать я, Фред.
Совсем неважно, сколько лет
Сегодня Вам. В них – Ваш расцвет.
Чудесный муж, отец и дед:
Как эти должности прекрасны!
Усилья Ваши не напрасны,
Пред нами дружная семья,
И родственники и друзья
Собра́лись здесь на именины.
Ну, просто, хоть пиши картины.

А был ли в жизни лёгкий путь?
И справедливости я ради
Хотел бы здесь упомянуть,
Что родили́сь Вы в Ленинграде.

Была война, лишенья, голод,
Эвакуация. Затем
Вас принял Львов, прекрасный город, –
Начало в жизни перемен.

Здесь Фред, как многие, учился.
Все помнят трудности тех лет.
Закончил институт наш Фред
И годы долгие трудился.

Он полюбил красивый Львов.
Здесь встретил он свою “любов”,
Что с твёрдым знаком быть должна!
Кому же “мягкая" нужна?

Он встретил Лену и женился.
Всегда к прекрасному стремился
И в жизни многого добился...

Но Фред, конечно, понимал:
В советском плохо жить “вертéпе".
Хотя наш Фред работал в ТЭПе,
На жизнь он взгляды поменял
И с тем в Америку слинял.

Умом “совкóвость" не понять!
Так разрешите Вас обнять.
Хоть Вы – советского покроя,
Я только вижу в Вас героя!

Американец Вы давно.
И так Вам было суждено!
Ну что ж, пора бы мне кончать.
Сегодня будет здесь звучать
Красивых, добрых много слов
Про дружбу, преданность, “любов",
Что с твёрдым знаком быть должна!
Вам только крепкая нужна!!!

О плохой соседке

Знаешь, что твоё лицо,
Как куринное яйцо?
Нет ни “ко́жи” и ни “ро́жи”.
До чего же вы похожи!
У тебя глаза, как щели,
Значит, видишь еле–еле.
Меж твоих густых брове́й
Не пролезет муравей.
Нос же на лице твоём –
Словно чайник над огнём.
Твои волосы, как сено:
Для коровы – корм отменный.
Как тарелки, твои уши:
Всех на свете можешь слушать.
Рот большой, как у верблюда:
Проглотить сумеешь блюдо.
На твои же “ру́ки-крю́ки”
И вглянуть нельзя без му́ки.
Для твоих двух палок – ног
Нужен лишь один сапог.
Твоя жуткая фигура,
Как вулканной ла́вы ма́сса.
Ты, к тому ж ещё, и дура,
Но не просто, – экстра класса!

Апрель 2012

О чём никогда не жалею

О чём никогда не жалею,
И буду на этом стоять?
О том, что роди́лся евреем.
Еврейкой была моя мать.
Евреем отец мой был тоже.
Ну, что же тут можно сказать?
“Они”, на меня, все похожи
И тут – не возможно виля́ть.
Мы созданы богом единым,
Но разная, наша судьба:
Так, быть одному́ – господином,
Другому – лишь у́часть раба.
Еврейский народ – не покорный.
Он в рабстве не стал прозяба́ть.
Учению следует То́ры.
Пришлось ему много страдать.
Мы выжили, вышли из рабства.
Мы пламенно верили в жизнь.
За наше, еврейское братство
Покрепче руками держись!
Как будто-то бы выбраны богом
На му́ки, страданья в веках.
Всё, нашим врагам, выйдет “бо́ком”.
Для нас стал невидимым страх.
Да, было евреям не просто
В атаках на них выживать,
Но, всё же, судьбу “Холокоста”
Они не дадут повторять!

Он вежлив был, почти не пьян

Он вежлив был, почти не пьян.
Он появился налегке́.
В нём виден был один изъя́н:
Следы ожога на руке.
Спокойно, тихо, не ерепе́нясь,
Стоял он на крыльце ступе́нях.
Потом, он тихо так спросил:
“С кем подели́тся мог бы я?
Та но́ша тя́жкая моя,
Что долго я в себе носил,
Мне всё покоя не даёт,
Она, всю жизнь, меня гнетёт.
Виновен я перед людьми,
За них готов я, лечь костьми́.
Я – дикий Хам! Меня простите...
Надеюсь, вы мне шанс дадите,
Исправить это, моё зло?”
Мы согласились. Повезло
Ему, что очень мы добры́,
Его простим мы, до поры́...

Всё дело – в замкнутом пространстве,
В котором суть его сидит;
В том диком, безобразном хамстве,
С которым драться предстоит.
Мы взгля́нем в мир его глазами,
Услышим то, что слышит он.
Попробуем увидеть са́ми:
Быть может, он не обречён?
О, ду́ши добрые, людски́е!
Вы верите, порой, всему.
А люди – разные такие.
Бывает в жизни, по-сему́,

В них проявленья свойств души́,
Что не всегда так хороши́.
Ну, что-же, так тому и быть:
Решили всё ему простить.
Он встал, и, всем на удивленье,
Как медный чайник, засиял.
Его благи́е все стремленья,
Я бы, на камеру заснял.
Чтобы в истории осталась
Та и́споведь, и – навека́.
И, что б потомкам не досталась
Любого хамства, даже малость,
Берущегося “с потолка”.

Он сидел пять лет на зоне

Он сидел пять лет на зóне,
Срок по-глупости “мотал”.
Он, потом, на “Амазоне”
Все стихи свои издал.
Написал он их немало
Про тюремное “бытьё”.
В памяти его осталось
Чёрно-белое “житьё”.
За решёткой жизнь не слáдка,
Тянется, как долгий путь.
И на сердце скóрби складка
Не исчезнет как-нибудь.
Всё проходит в жизни каждой.
Остаются лишь мечты.
В них увидешь ты однажды
Те моменты красоты,
Что привúделись когда-то
В тёмной камере ночной:
Так при свете не богатой,
Лишь зловонной, грязной, злой.
Где тебе так одиноко
Среди многих серых лиц;
Где жестóк закон: за óко
Ты готов идти на “блиц”.
Побеждая так жестоко,
Побеждённым быть нельзя.
А в победе много ль прóка,
Если в ней – неправда вся?
Слабых побеждать – потеха.
С рáвным стань “один в один”.
Вот тогда ты, от успеха
Возгордишься, господин.

Что ж, прошли пять лет. Слете́ли
С плеч доло́й, из сердца вон...
Иногда, пусть еле - еле,
Но, в душе он слышит стон…

Опять в наряде мы стоим

Опять в “наряде” мы стои́м,
Эх, тёмная ты, ночка.
Давай с тобой поговорим
О “де́мбельских листочках”.
Ночь, тишина. Все в ро́те спят,
Лишь мы вдвоём не дремлем.
Послушай, друг, ведь говорят,
Что скоро будет “де́мбель”.
Прошло немало грустных дней
В каза́рме тесной нашей.
Так надоели нам “старле́й”
И сало с постной кашей.

Надоели шере́нга и строй,
И шагать строевы́м надоело.
Лишь прогулки вечерней порой
Веселили нас, то и дело.
По утрам поднимали нас в шесть.
По тревоге, бывало – чуть свет.
В этом, видимо, что-то есть,
Но, весьма вероятно, и – нет.
А отбой ровно в десять у нас.
Можешь спать, в “самоволку” уйти.
Только помни строжа́йший наказ:
Должен утром к “пове́рке” прийти.
Мы ходили на кухню в “наряд”.
В карау́ле совсем не спало́сь.
Целых три воскресенья подряд
Отдыхать нам совсем не пришлось.

Хоть лето кончилось почти,
Отсюда выйдем скоро.
Мы будем мясо есть и щи
И, даже помидоры.

Мы будем пиво пить, вино;
Ласкать прелестных женщин.
На “во́ле” были мы давно,
Но любим их – не меньше.
Мы пили здесь “антисто́йн”,
Что б успокоить страсти.
На “волю” выйдем, многих вин
Попробуем вкус сладкий.
Не будет больше ранних бань,
Не будет физзарядки.
Отме́ним:”Сми́рно”,”Во́льно”,”Встань”,
Забудем слово: “Ря́бчик”.
Мы нашу службу в лагерях
Забыть не сможем скоро...
Поговорим о “дембеля́х”,
В ночную эту по́ру.

Куйбышев (Самара)
Июль - Август 1972

Отговорили Люсю от решенья

Отговорили Люсю от решенья
Уйти от нас! И, пусть, не далеко,
Ей “плю́сов” было много, в утешенье;
Смириться с “ми́нусами” было – не легко.
Что ж, в жизни нашей, каждое мгновенье
Имеет доброе и злое изнутри.
Коль, к доброму направлено стремленье,
Все нити зла безжалостно порви.
Второй этаж, жара, под са́мой крышей...
Нет просто сил терпеть весь этот ад!
Зато не топает никто, живущий выше
И, этой тишине – безмерно рад.
А в дни не жаркие (таких здесь, всё же, много),
Ты ощущаешь воздуха поток.
И, согласитесь, смо́трится убого
Внизу квартира. Низкий потолок...
Там, взо́ру всё открыто. Там – всё видно.
Вы возразите: здесь – паркетный пол.
Нам, на верху, конечно же обидно...
Но, будет. Сели все за стол.
За главный “плюс” давайте тост предло́жим:
За доброе соседство по – всему!
Что может быть для нас теперь дороже
Для сердца каждого и каждому уму?
Пусть много лет, как добрые соседи,
Мы будем жить, на уровне любом.
В круговороте потрясений и комедий,
Не ошибиться б только – этажом!

Отчего так мило улыбаешься

Отчего так мило улыбаешься,
Ка́рие глаза ты опускаешь?
Может чем-то ты смущаешься,
Скажешь “нет”, ты это отрицаешь?
Может я смешной, или возможно...
Думаю, эпи́тетов довольно.
Я хочу быть искренним. Мне можно
Другом быть твоим, но не “подпо́льно”?
Пусть все зна́ют, не́кого стесняться.
Ты мне нравишься! Кому какое дело?
Ты боишься? Не́чего бояться.
Знаешь, мне бояться надоело!
На красивое сказать: “прекрасно”!
И счастливому сердечно улыбнуться.
Знаю, что я про́жил не напрасно.
В прошлое, конечно, не вернуться.
Ну и пусть. Начнём мы жизнь с начала.
Молодость лишь только начинается.
Парус жизни – только у прича́ла,
С морем жизни скоро повстречается!
Ты мне нравишься! Пусть знают все об этом:
Звёзды, небо, люди на Земле.
И не надо, вовсе, быть поэтом,
Что б “Люблю” земное высказать тебе!

1971

Память наша – сродни́ ностальгии

Память наша – сродни́ ностальгии,
Нарушает она наш покой.
Дни хорошие, или плохие
Бередя́т наши ду́ши порой.

Благодарен судьбе я за мир.
В нём и про́жил я – бо́льшей ча́стью.
Благодарен судьбе я за счастье
И терпи́мость – мой главный кумир.

А под солнцем плывут континенты:
Европа, Америка, Азия...
Ну, какие уж тут сентиме́нты,
Если в мире полно́ безобразия?

И, пусть в ра́дужном, солнечном свете
Будет яркой лазурь океанов;
Только пять их, на нашей планете,
Омывающих разные страны.

В жизни разные обстоятельства,
И какая судьба тебя ждёт?
Только каждый, свои обязательства,
На себе, в виде но́ши, несёт.

Я уехал в далёкие страны
Поискать то, что часто терял...
Русский стал для меня – иностранным,
А англи́йский – родным мне не стал.

Приобрёл я, конечно, немало
И собрал кой-какой капитал.
Но, родною страна мне не стала,
Та страна, о которой мечтал…

Писаренкам

А дни бегут, летят года.
Сегодня ваша цифра – семь.
Не забывайте никогда,
Что связаны вы навсегда!
Мы не успеем и заметить,
Как скоро будет цифра десять.
Потом придёт и двадцать пять.
Ну что хотим мы пожелать
В ваш знаменательный сей день?
Чтоб, начиная с цифры семь,
Вам и не ста́риться совсем.
Любите жизнь. Любя – мечтайте.
Но о друзьях не забывайте!

*****

Алику Писаренко

У тебя сегодня Юбилей.
И мы думаем, ты будешь рад,
Получить послание друзей,
Пусть издалека́, из-за "преград".
Позабудь невзгоды, боль и страх.
Будь удачлив ты в своей судьбе.
Только удержи́ её в руках!
Мы желаем счастья все тебе!
Верим мы, что встретимся с тобой
В следующий праздник твой большой.
Крепко руку мы твою пожмём;
Вместе всходы радости пожнём!

Апрель 1991

*****

Что ты стои́шь и держишься за стенку?
Кружи́тся голова и ноги не идут?
Не дрейфь и помни, Алик Писаренко,
Что в трудный час друзья не подведут.
Ну выпил больше нормы, – так бывает.
Случается со всеми, там и тут.
Ну, кто-то слишком много наливает...
Поверь: тебя до дома довезут.
И пусть Софи́я гневно вопрошает:
"Ну как дошёл до жизни ты такой?"
В душе она, конечно, понимает,
Что ты по жизни – всё равно герой!

*****

Ты, как прежде, и краси́ва и стройна́,
Обоятельна, как Афродита.
Далеко ещё до жизни дна,
Чаши, что тобою не испита.
Пей пома́лу, только не до дна
Вместе с "лавли" Аликом, джиги́том.
И, опять наполнится она
Счастьем в доме, для друзей открытом.
Знай, что вместе нам с тобой идти:
Мы – одна компания, тусо́вка.
Мы увидим, как к ста двадцати,
Вы́глядеть ты будешь, Со́фка!

Софе – 50

*****

Кто стои́т там скромно, возле стенки,
Линию боясь переступить?
Это он, наш Алик Писаренко,
С га́млетовским: “Быть или не быть?”

Линия пятидесятиле́тья
Всем, дожи́вшим, встретится в пути.
И, другую линию – столетья,
Мы, тебе желаем перейти.

Сделай шаг. Пусть в новом полувеке
Будет всё, что б ты ни попросил!
В бывшем, но, “советском” человеке
Есть ещё довольно много сил.

Чтобы спорить, убеждать, бороться,
Быть любимым и любить всегда.
Только очень слабым остаётся
У́часть упова́нья на года.

Мы желаем быть тебе здоровым,
Полным счастья на твоём пути.
Двигайся от стенки к целям новым:
Линию тебе – не обойти!

Алику – 50

*****

Тут, кому-то повезло:
Выбрал, Софа, я – тебя.
И, всем не́другам назло,
Для тебя, подарок – я
Знаю, скажешь ты: “Биг дил”,
Я же – бесконечно рад.
Для тебя, я “гифт” купил,
Не простой, – сертифика́т.
Пусть же этот скромный “гифт”
Всё же, удовлетворит
“Скромные твои желанья;
В магазинах сократит
Для меня все ожиданья.
Пусть потребности твои
Поскоре́й осуществлятся!
Всё же, что ни говори,
Муж умеет твой стараться.
Что ещё хочу сказать
В этот тихий, зимний вечер?
Взва́лим мы с тобой опять
Обязательства на плечи.
Наши все календари
Мы поме́тили в Апреле.
Саша, ты нам подари
Внука. Мы сочли недели...
Софа, будешь бабкой ты.
Я же – дедом стану!
Верю я в свои мечты
И, не перестану.
Я хочу, чтоб нас “Биг Ди́л”
Вскоре удовлетворил!

По земному глобусу Новый Год шагает

По земному глобусу Новый Год шагает,
Радость и веселье в новогоднем марше.
В эти вот минуты каждый понимает:
Мы сегодня, пусть хоть чуть, станем всё-же старше.

Все печали, горести пусть уходят в прошлое.
Мы от них отде́лимся, будто бы, горой.
Вспоминать мы будем только всё хорошее.
Вот уже стучится семьдесят второй!

В годы наши сложные, пусть для нас с потомками
Самое хорошее сбудется для всех.
Пусть в природе нашей остаются громкими
Только гром весенний и счастливый смех.

1971

По китайскому поверью

По китайскому поверью,
Это – “Лошади́ный Год”.
Он, уже за этой дверью.
Громко крикнем: “И-Го-Го”!!!

Мы труди́ться, как лошадки,
Будем с вами целый год.
Чтоб входить по жизни гладко
В каждый, новый поворот.

Лошадиное здоровье
Этот Год пода́рит всем.
А конфликты все, без кро́ви,
Разреша́тся без проблем.

Нам овса́ б немного больше.
Ве́тра вольного в пути...
И пожи́ть, как можно дольше;
Но, с достоинством уйти.

“Запряга́йтэ, хло́пци, ко́ни”!
Жизнь спешит, и мы за ней!
Ли́хо мы коне́й пого́ним!
Кто же нас теперь догонит?
Не загнать бы, лошадей!!!

Позволь мне, всё-таки, сказать

Позволь мне, всё-таки, сказать,
Что возраст для тебя – пустяк.
Пятёрки две, лишь “пять” и “пять”.
Посмотришь э́дак или так...
Лишь цифры, са́ми по себе,
Нельзя им верить никогда.
Твой возраст выражен в тебе.
В твоих глазах – твои года!
Всегда с улыбкой на устах,
Стройна́, изящна, хороша́.
И, все “детали” на местах;
К тому же – добрая душа.
А музыкальный твой талант
Сомнению не подлежит.
Призна́ет даже дилетант,
Что му́зе он принадлежит.
Тебя мы знаем лишь такой,
Так презирающей года.
Ты оставайся молодой
Сегодня, завтра и – всегда!

Пожалуй, теперь не имеет значенья

Пожалуй, теперь не имеет значенья,
Какую в “той” жизни ты роль исполнял.
Теперь, наберись ты побольше терпенья,
Важнее всего, чтобы ты понимал:
На пенсию вышел, по возрасту ты
И ритм своей жизни совсем поменял.
Теперь ты далёк от былой суеты,
Привычек, работы, что ты выполнял.
От ранних подъёмов, мой друг, отдохни.
Теперь можно утром подольше поспать.
Длиннее покажутся будние дни.
Ты только реши, чем бы их заполнять.
Ведь это не дело: лежать на диване
И там, от безделья, совсем захирéть.
А хуже всего: расслабленье в стакане
Найти, и на мир пьяным глазом смотреть.
Ведь это не значит, что жизнь далá сбой.
Ты всё ещё крéпок, почти-что здоров.
Я верю: родные гордятся тобой.
Пусть спросят об этом твоих докторов.
Есть дети и внуки, им помощь нужна.
Побольше внимания им уделяй.
И эта стратегия очень важнá:
Твори, наслаждайся, живи и гуляй!
Ремонты, проекты, работа по дóму...
Рецепт от безделья себе сам найдёшь.
Ты выглядеть будешь совсем по-другому,
Уверенность, “нýжность” ты вновь обретёшь.
Занятия могут быть разного сорта.
Желанья и сил не теряй никогда.
И даже не смей отказаться от спорта,
Ведь он никому не приносит вреда.

Я слышал одно интересное мненье:
Чем возрастом старше стано́вимся мы, –
Тем время быстрее летит, как мгновенье
И с этим бороться – пустые мечты.
Есть вещи такие, что как ни старайся,
От них избавление – тще́тный поры́в.
Но жизнь продолжается, сопротивляйся.
Пусть будет девизом твоим: Позити́в!

Поздравленья с юбилеем

Поздравленья с юбилеем
Принимаем со "вчера".
Кажутся для нас теплее
Те, что сделаны с утра́.
Принимаем поздравленья
Мы от всех, в удобный час.
Только были бы стремленья
От души́ поздравить нас.
И, спасибо тем, кто знает
Наши праздничные дни.
Помнит их, и понимает,
Как нам до́роги они.
Мы вас знаем, уважаем,
Дружим мы, не просто так.
Вместе с вами мы решаем
Все проблемы, как-никак.
С вами, мы бываем вместе
И не в праздничные дни.
Нет в нас за́висти и ле́сти –
Не знакомы нам они.
Трудно, всё-таки, представить,
Чтобы кто-то мог забыть
С юбилеем нас поздравить,
В этот день не позвонить!

Полвека прошло...

Полвека прошло, как в конце Ноября,
Красивая женщина в муках рожала.
Она твёрдо знала, что во́все не зря
За Мишку – мальчишку так сильно страдала.
Родился хороший и крепкий малыш.
Его не напрасно Мишкой назвали:
Из всех, из добрейших, всех у́вальней Миш,
Он – самый из са́мых, каких только знали.
Он в жизненных тре́ниях разных бывал,
В таких же, как все, дворовы́е мальчишки.
Но, всё-же, при этом, он не забывал
Повсюду таскать и читать свои книжки.
Он – чуткий товарищ, заботливый друг;
Верне́е не сыщешь на всём белом свете.
Он – первый, из всех друзей и подруг,
Которых в пути я по жизни встретил.
Эх, “Мише́ль – вермише́ль”, как твоя борода?
Вся седая, наверное, да и волосы тоже.
Вот, полвека прошло, разве это – года?
Разве что-то бывает дружбы дороже?
Мой товарищ старинный, дорогой мой Михе́й!
Как когда-то, я вновь, назову тебя: “Мих”.
Выпьем вместе по сто. Я налью, ты налей.
Молча выпьем с тобой... На закуску – мой стих!

Мишке – 50

Полевой цветок ромашка

Полевой цветок ромашка
Так красив, так чист, так свéтел!
Я люблю тебя, ромашка
Больше всех цветов на свете.
Всё бежит, летит дорога
Сквозь весну и у́тра свежесть.
Ты – такая недотрога,
Та заманчива, как нежность.
Не хочу я, чтоб ромашку
Кто-то, как и я, увидел...
Не позволю, что б Наташку
Кто-то, чем то, вдруг обидел.
Что б сорвал её в расцвете,
Осознав свою промашку.
Образ твой так чист и свéтел!
Ты мне нравишься, Наташка...
Есть цветы и покраси́вей,
Побогаче внешним видом,
Но, обычно, не счасли́вей
С ними в жизни. Не в обиду
Розам, эдельвéйсам, áстрам
Выбираю я ромашку.
Может, пожалею завтра?..
Всё же, на цветок ромашку
Так похожа маргаритка.
Я люблю тебя, дурáшка,
Не хочу обидеть, Ритка...

1984

Посидел я и послушал

Посидел я и послушал
То́сты, пожелания,
И, вдруг по́нял, что я – лучше,
Чем казалось ранее.
Так кому я так обязан?
Эдакой "Хори́зме"?
А тому, к кому привязан
В большей части жизни.
Здесь огромная заслуга
Моей, верной спутницы:
И жена мне, и подруга
Со мной рядом кру́тится.
За тебя, моя родная,
В твою честь мой этот тост.
Жизнь, ведь штука – не простая,
Путь в ней – далеко не прост!

Почти что две недели

Почти что две недели
Не “дотянув” до мая,
Ты родила́сь в апреле,
Тебя назвали – Мая.
Восторга не скрывая,
В весенний день капе́ли
Родные все стояли
У детской колыбели...
А годы мчатся быстро,
Следы лишь оставляют.
Судьба – авантюристка,
Безжалостной бывает...
Ропта́ть нельзя, не надо,
Для нас, на белом свете
Бывает и награда
В подарок – наши дети!
Потом, – детей творенье
(По той, простой науке).
Ты запасись терпеньем:
Твои же это внуки!
И пусть здесь нет капе́ли,
Одно здесь время года.
У детской колыбели
Стоишь ты, Мая, гордо!

Прощай, “май лав, гуд бай”

Прощай, “май лав, гуд бай”.
Подъехал мой трмвай.
Меня он увезёт отсюда о́чень далеко.
Где небо – высоко́,
Где дышется легко.
И птицы там поют одну мелодию любви...
Меня, ты не зови,
Не будет впереди
Тех дней счастливых, где встречались и любили мы.
И пусть не каждый день
В саду цветёт сирень.
И счастье наше, призрачное, кончилось совсем...
В душе я сохранил
Любовь, с которой жил
И пусть она, как миг, совсем недолгою была.
Всё так же све́тел мир
И, лишь любви кумир
В нём пра́вит вечный бал, я, на котором танцевал...
Прощай, “май лав, гуд бай”!
Запрыгнул я в трамвай.
Обратного пути к тебе, теперь мне не найти.
Прощай любовь, прощай!
И, мне не обещай,
Что, вдруг она вернётся, как в былые времена...
Испил я грусть до дна.
Натянута струна́,
Но есть мечта, что всё же, зазвучит в душе она...

Появилась вдруг забота

Появилась вдруг забота,
Подвали́ла нам работа.
Мы совсем не ожидали:
"ВТС" работу да́ли.
"ВОЛС" – оптический обман,
Набивай скорей карман!
Нужно сделать всё досрочно,
Поработать внеурочно.
Все расставили акценты
И добавили проценты.
Силы брошены в атаку!
Если что – полезем в драку.
Все, конечно, молодцы́,
С удареньем на концы...
За работу взя́лся рья́но
Юрий Фро́лыч Абадья́нов.
Пусть не поздно, лучше – рано
К нам подключится Шупья́на.
Дело для неё, хоть но́во,
Но, взяла́сь и Иванова.
И Кача́н, хоть и "кача́н",
Вмиг собрал свой чемодан.
Собрали́сь без лишних слов
Мудрико́ва и Мичко́в,
Подгребе́льный и Туча́к,
На все линии маста́к.
Ла́зарь, хоть и молодая,
Не отстала от "трамвая".
Витрихо́вский – кадр би́тый,
Хоть бывает он "подпи́тый",
Он, с Дзюми́нским наравне,
Оказался "на коне́".

А Витéнко – “воротúла”,
Всей затеи “заводúла”,
Подготовил коллектив,
Словно в армии – “комдúв”.
В пóте началáсь работа
И лицá, ещё чего-то...
Пóта – много, дéла – мало.
Пожалела тут, Гамáла,
Что забыли про неё;
“ВОЛС” – ведь это – “мумиё”!
Весь отдел проектный славный
Оказался самым главным!
Все пути ему открыты!
Остальные группы – бúты...
И, пока нас долго били,
Мы о “Главном” позабыли.
“Я” его – так великó!
А фамилия – Чучкó.
Он – начальник, он – герой!
Ну, а в деле – геморрой...

Львов, Управление связи
1989

Пусть всегда остаётся память нашей религии

Пусть всегда остаётся память нашей религии.
Мы хранить обязаны все наши реликвии.
Завещания предков – завещаем потомкам,
Всю историю нашу, из крупи́ц и обломков.
Восстано́вим историю, – это наше кре́до.
Мы прошли сквозь века́, в этом – наша победа.
Жили вечно евреи и живут поныне.
Их водил Моисей сорок лет по пустыне.
Вышли мы из рабства, мы рабами не будем!
Мы – народ, мы – евреи, но такие же люди.
Нас всегда унижали, но мы духом кре́пки
И такими быть – завещали нам предки.
Почему обвиняют в грехах всех еврейство?
Нами ли совершаются на Земле злодейства?
Почему привлекаем мы внимание Мира?
Разве нет у народов иного кумира?
Вы возьмите французов, китайцев, канадцев.
Вроде-бы ниоткуда к ним претензиям взяться.
Били нас и сжигали, но мы – крепкое семя.
Мы восстали из пепла и живём со всеми.
Среди многих народов присутствуем тоже.
Есть у нас государство, не большое, но всё-же...
Пусть оно, как кость в горле, многим мешает,
Но, поверьте, оно Землю так украшает!
Мы добры́, терпеливы к народам соседним.
К сожалению, многие верят их бре́дням.
Мы хотим жить в мире и к миру стремимся.
Пусть поймут все враги, что мы их не боимся!
За себя постоять мы, как прежде, сумеем.
Мы – свободный народ, и мы все – евреи!
Вот, мы рядом сидим за огромным столом,
В разных точках Земли, но мы празднуем вместе.
И с улыбкой мы скажем друг другу: “Шало́м”.
Пусть счастливым всегда будет праздник наш –”Пэ́йсах”!

Пусть не друг он

Пусть не друг он, но это не значит,
Что врагом его нужно считать.
Может, просто он мыслит ина́че.
Не способен я мысли читать.
У него и поступки другие.
Иногда удивляют меня.
Кто оценку им даст? Какие
Одобря́ть? Я ему – не судья.
Да, мы разные люди, конечно.
Разный уровень жизни у нас.
Не хотелось бы мне, бесконечных
Разговоров про "средний класс".
Даже уровень разный, доходов,
Не сравни́ть мне с культурным таким.
Часто вижу я, в нас, "антипо́дов":
Ведь такие мы разные с ним.
На политику смотрим мы взглядом
Разных партий. На том и стои́м.
Но, бывает, в театре, мы рядом
На спектаклях, концертах сидим.
В чё́м-то, где-то, но схо́дятся взгляды.
Можем что-то, порой, обсуждать.
И улыбка, под видом награды
Будет всюду нас сопровождать.
Иногда не комфо́ртно бывает.
Опускаем мы го́ловы вниз.
Видно каждый из нас понимает,
Что так нужен для нас компроми́сс.
Мира разное восприятие
У меня, да и у него́.
Может, просто, из списка приятелей
Нужно вычеркнуть имя его?

Пусть круг друзей намного су́жен

Пусть круг друзей намного су́жен
На жизни пройденном пути.
Ты, всё ещё, кому-то нужен,
Не можешь, просто так уйти.
Одни ушли по воле бога.
Других пришлось нам позабыть.
Закра́лась, в ду́ши к нам, тревога:
Ну как же можно так дружить,
Когда обиды возникают
На "ровном месте", в пустоте́;
Когда тебя не понимают,
Вопросы задают не те?
Когда своё – всего превыше.
Тебя лишь любят поуча́ть.
Когда же го́нор –"выше крыши",
Приходится тогда молчать.
Друзья, которые остались,
Не разорвут наш тесный круг.
Мы никогда не опасались,
Что будут не́други вокруг.
Пусть реже стали мы встречаться.
У всех есть внуки и дела.
Им стали больше отдаваться,
Что ж, жизнь всегда такой была.
Мы знаем памятные даты,
И ценим радость наших встречь.
Друзьями были мы богаты,
Пытались дружбу мы сберечь.
У нас характер изменился,
Другими стали мы сейчас.
Да, возраст своего добился:
Труднее стало всё для нас.

Должны мы чаще собираться
И вместе время проводить.
Нам нужно только постараться,
И дольше, всё-таки, прожить.
Пусть у́зок круг, но как чудесно,
Что продолжаемся мы в нём.
Нам никогда не будет тесно.
Мы дружбы уз – не разорвём!

Репка

В прошлом го́де, в огороде
Репка сильно удала́сь.
И, как говорят в народе,
Было этой репки –"всласть".
Говорила мне соседка,
Что одна такая репка
Огрома́дной родилась.
А соседки этой – де́дка,
Он любил "подда́ть" не редко.
Это ж надо так решить:
Спьяну репку стал тащить.
Только репка не подда́лась.
Выпил дед ещё, ну ма́лость,
Но тащить не перестал.
Были тщетными поту́ги;
Дед без помощи подруги
Основательно устал.
Бабка рядом оказалась,
Но она, как ни старалась,
Помогать пытаясь деду,
Только к са́мому обеду
Репка там же оставалась...
И решила бабка внучку
К деду притащить за ручку.
Обхватила внучка бабку,
Бабка – де́дку, для поря́дку,
Чтоб усилия утро́ить,
Репке той урок устроить.
Репка крепкой оказалась:
Их стараньям не подда́лась.
Что ж, тогда решила внучка
К ним на помощь кли́кнуть Жучку.

Жучка хвостиком махнула
И, к компании примкнула.
Потащила Жучка внучку
За подóл, а не за ручку;
Внучка – бабку, бабка – дéдку...
Ну, не вытащить им репку!!!
И позвáла Жучка кошку:
“Пусть поможет нам немножко”.
Мурка сразу согласилась
И за Жучку уцепилась.
Репку вытащить старалась
Наша дружная “братвá”.
Только в репке “потрепáлась”
Лишь зелёная ботвá.
Что тут делать, как же быть?
Силы надо укрепить.
Тут наш дед ещё подпи́л,
Мышку пригласить решил:
“Хоть ты, вроде и малышка,
Шевельни́ своим уми́шком.
Постарайся подсоби́ть,
Репку чёртову тащить”.
Мышка хвостиком вильнула,
К Мурке крепко так прильнула.
И, компания честная,
Все усилья прилагая,
Вшестерóм тащили репку:
Жучка, внучка, бабка, дедка,
Кошка, мышка, хоть малá,
Польза от неё – была!
Смеху было в огороде:
Вытащили всё-же репку!
Это значит, мышка, вроде
Оказалась самой крепкой!

С неба ка́пнула капли́нка

С неба ка́пнула капли́нка.
Будет дождик, или нет,
К дому твоему тропинка
Даст мне правильный ответ:
Будут мне в том доме ра́ды,
Или я – незванный гость?
Через многие преграды
Мне к тебе идти пришлось.
Приведёт меня тропинка
В дом, в котором ты живёшь.
Только есть одна зами́нка:
Может, ты другого ждёшь?
Я надежды не теряю,
Так хочу счастли́вым быть!
Но одно я твёрдо знаю:
Буду я тебя любить!
Я не дам тебя в обиду.
Буду ве́рен я тебе.
Может кто имеет ви́ды
На тебя в своей судьбе?
Пусть отдельная капли́нка
Превратится в звонкий дождь.
Не сверну я с той тропинки.
Верю, что меня ты ждёшь!

Сегодня – мои шестьдесят четыре

Сегодня – мои шестьдесят четыре.
Среди родных я, но, я – не до́ма.
Люблю я праздники в нашей квартире,
Там как-то теплее и всё по-другому.

Нет, годы мои, они все – при мне.
И лица я вижу, все те же, родные
Здесь орна́мент кра́сочный на стене,
Но, ощущения, всё-же – иные...

Вы, отвезите меня домой.
Нет, не плохо мне, просто я пьян
Я обрету́ только дома покой,
Где удобно прилягу на свой диван.

Для дугих, может всё это – ерунда.
Здесь есть тоже диван, но совсем другой.
Мне же очень хочется только туда,
Где сказать я могу, что я – свой.

В этом доме, где созданный нами уют,
Чистота и порядок, пусть не всё “на отлично”,
Я сказать вам хочу, что только ту́т
Мне комфо́ртно, тепло и до боли привычно.

Сегодня много телеграмм

Сегодня много телеграмм
К нам принесли домой.
В них – обращенья, посмотри:
“Любимой”, “Дорогой”!
В них – пожеланья долгих лет
И счастья, и удач.
Тебе хочу я дать совет:
Их – далеко не прячь.
Хоть и́зредка, ты в них смотри,
Как в дружеский наказ.
И, если, вдруг, слеза́ – утри́.
Лишь счастье – на “пока́з”!
Нам много жизненных преград
Расставлено в пути.
Попробуй, оглянись назад,
Смогла ты их пройти?
Невзгоды, го́речь всех утрат...
Ты – помни, словно стих,
Что будет лу́чшей из наград –
Любовь друзей твоих!
Ведь есть за что тебя любить
Всем нам: родным, своим.
Такой тебе – наве́ки быть,
Назло врагам твоим.
Так, не срывайся и держись
И будь всегда такой,
На всю, оставшуюся жизнь:
Любимой, Дорогой!
А ты, по жизни всё идёшь.
Пусть в ней тебе везёт.
Что ищешь, то – всегда найдёшь.
Любовь, тебя найдёт.

Но, если ты прошлá, – вернись
И обрети покой.
На всю оставшуюся жизнь
Останусь я с тобой...
Сегодня, много телеграмм
Домой, к нам принесли.
Возьми. Я их тебе отдам.
Ты долго их храни.

Март 1978

Сегодня пятница опять

Сегодня пятница опять.
Неделя быстро пролетела.
Так дни летят, уходят вспять,
Как будто никомý нет дéла,
Что наша жизнь – мгновенье, миг...
Чего ж ты, всё-таки, достúг
В своём движеньи без предéла?
Как заведённая пружина
Толкает нужный механизм,
Так, в том и крóется причина,
Что человечий организм,
Пока придёт его кончúна,
В движении своём всегда;
Пока такая "ерундá",
Как смерть, – придёт и останóвит
Движенье механизма в миг...
Ну, и чего же ты достúг?
Ответ простой: мир – бесконечен,
Но в нём никто из нас не вечен;
Мы каждый миг должны ценúть.
Ведь каждый хочет кем-то быть,
Любить, желать, иметь, творить,
И, всё-таки, подольше жить!
Но всё равно, нельзя́ забыть,
Что будут пятницы опять.
И жизнь уходит быстро, вспять.

Скажу без всяких оговорок

Скажу без всяких огово́рок:
У времени предте́чи нет.
Вот, мне недавно было сорок,
А сыну – лишь тринадцать лет.

Когда тебе шестнадцать лет,
Весь мир к твоим ногам поло́жен.
И, для тебя, рецептов нет,
Как выглядеть ещё моложе.

Когда тебе мину́ло двадцать,
Пора уже определи́ться.
Тогда, лишь может показа́тся,
Что ты сумел всего добиться.
Ты должен посмотреть на путь,
Который ты успел пройти,
И в будущее загляну́ть:
Что суждено́ тебе найти?

Ну вот, тебе уже и тридцать.
Семья, работа, дом, дела́...
Я думаю, пора проститься
С идеей, что в тебе жила́,
О том, что б мир переверну́ь.
Стал тяжелее этот путь...

Теперь твой возраст – ро́вно сорок,
Но это – тоже не года;
Как говорят: "ещё есть по́рох",
Хоть неоконченных дел – во́рох,
Всё это, в общем, – ерунда.
Ну что ж, у нас есть впереди
Прямая, длинная дорога.
Старе́ть нам рано, погоди:

Седых воло́с – не так уж много.
Морщины. Что ж, куда тут деться,
А, в остально́м, мы – “хоть-куда”.
И, если, на́ людях, раздеться,
Не будет стыдно никогда!
Смотри, что будет в пятьдесят:
Ведь жизни больше половины
Ты про́жил. На стене висят
В красивых рамочках картины,
И фотографии, дипломы;
Как будто, всё не повтори́мо,
Но, к сожаленью, так знако́мо...

Нет. Время нас не только ста́рит
И, наш меняет внешний вид.
Оно всегда вопросы ста́вит:
Как до́лго, где и что болит?
А боль – физической бывает
И боль в душе, бывает тоже.
Рецепт от старости кто знает?
Да. Нам бы вы́глядеть моложе!

Сколько лирики нежной

Сколько ли́рики нежной
У тебя на уста́х.
Ну, а я, как и прежде
Парю́ в небесах.
До глубокого чувства
Мне так далеко.
Это, всё же, искусство,
Это – так не легко.
Я хочу скрупулёзно
Разобраться в себе.
Как всё это серьёзно:
Мои чувства к тебе?
Я хотел бы проверить
И уве́ренным быть:
Что сумею поверить,
И смогу полюбить.
Меня будто-бы тянет
К встрече нашей магнит.
Может быть, не обманет,
Может нам подтвердит
Обою́дные чувства,
Нашей встречи тепло.
Как бы это "искусство"
Нас бы не подвело́...
Наша жизнь, как мгновенье,
Как полёт мотылька,
Волшебства́ манове́нье.
А ты – так далека́…

Спешу поздравить

Спешу поздравить. Рад, что я обня́л
Тебя седо́го; Ну а ты – всё тот-же,
Хотя седьмой десяток разменял,
Довольно бодр, и выглядишь – моложе.
Тебя неоднократно поздравлял
Я с Днём, когда на свет ты появился.
Но, как бы ты по жизни ни крутился,
Ты никогда себе не изменял.
Быть может, что ты бо́льшего желал
От жизни про́житой за те десятилетья,
В которых сча́стлив был, любил, страдал
Как большинство из нас на белом свете.
Ведь ты всегда от жизни получал
Уроки мудрости и выдержки уменье.
И, если нужно, спину подставлял,
Чтоб оправдать все лучшие стремленья.
Ты никогда себе не изменял
С тех пор, когда ещё совсем мальчишкой,
По Львовским улицам отчаянно гонял
Взамен того, чтоб посидеть за книжкой.
Был путь не лёгким. Твёрдо ты шагал
По жизни с неуста́нной верой,
Которую всегда ты измерял
С находчивостью и терпенья мерой.
Пусть в то, что ве́рил и о чём мечтал,
Сбыло́сь процентов так, на девяносто.
Ведь главное – что б ты не перестал
Надеяться. Живи обычно, просто.
Ты никогда себе не изменял.
Тебе за это – многие награды.
Пусть необъя́тное ты, всё-же, не объя́л.
Того, кто смог, мы все поздравить рады.

Ты не отказывайся, не спеши прогнать
То чувсто, что зовётся ностальгией.
Его, поро́ю, просто не поня́ть
Не излечи́ть и психотерапией.
Ты только благодарен будь
Судьбе за все прекрасные моменты.
И памяти, отбросив сентиме́нты,
Порой сказать “спасибо” не забудь.

И много раз ты фразу повторял,
Что “жизнь – прекрасна”. В этом, ви́дно, – фи́шка.
Ты памяти своей не изменял
Все годы. Ты ж ещё – мальчишка.
Вот ты сидишь. Здесь все твои друзья.
Пришли поздравить, это ду́шу греет.
Здесь родственники, вся твоя семья;
И сердце радуется, по́просту – балде́ет.
Тебе сегодня каждый пожелал
Всех благ, какие только есть на свете.
Что нужно, чтобы ты всё исполнял,
Чтобы за всё и всех ты был в ответе?
Ответ один. И я его назвал:
“Что б никогда себе не изменял”!

Илье Маркману – 70
Июль 2017

Старички

Старички́!
Давайте, собирайте рюкзачки́.
Поедем в детство, в те далёкие места́,
Где есть такая красота!
Девочки!
Вы посмотри́те, рядом – мальчики.
Вы посмотри́те хорошо:
Такие юные душо́й
Хотя и лы́сы и седы́,
Им – не до этой ерунды́.
Мальчики!
Вы посмотрите, рядом – девочки:
С такою и́скоркой в глазах,
Что, аж шеве́лится в штанах,
Не вызывая, в общем, страх.
Мо́жем мы!
Почти, как в юности, в мечтах...
Нам не знако́мо слово “крах”!

Существует посёлок “Орла́ндовка”

Существует посёлок “Орла́ндовка"
Рядом с “си́ти оф Беверли Хиллс".
Там живёт – поживает команда “КА".
Я запомнить бы вас попросил.

Имя этой команды – “Крю́ковы”
И сегодня её капитан –
Именинник. Вот “го́ре лу́ково”:
Пригласил в дорого́й ресторан.

Виски пить, кушать всякие сладости,
Веселиться, шутить, танцевать.
В обстановке парадности, радости
Что хотим мы тебе пожелать?

Переехать в соседнее “Си́ти”;
Быть здоровым, богатым и впредь
Быть таким. На него посмотри́те:
Весь сияет, аж больно смотреть!

Судьба сидела в уголочке

Судьба сидела в уголочке
И призаду́малась слегка́
О прошлой, той коро́ткой ночке,
Когда, не просто, “с потолка́”,
Но, в “перепа́лке” со Здоровьем
Зате́ян был их разговор.
Как говорят: “до по́рчи кро́ви”
Дошёл давни́шний этот спор.

Судьба, с упорством заявляла,
Что са́мой главной на Земле
Для всех, давно она уж ста́ла,
Что от неё зависят все.
И, если кто нахально станет
Наперекор судьбе идти,
Не сможет долго, перестанет
И, не дойдёт к концу пути.

Здоровье тут же возразило:
Идти судьбе наперекор
Вомо́жно. Были б только силы,
На это делаю упо́р.
Когда здоровьем крепким пы́шешь,
Напо́рист ты, в своём пути,
И зов судьбы ты не услышишь,
Но, к це́ли сможешь ты прийти.

Коль суждено́ тебе быть слабым, –
В ответ промо́лвила Судьба,
Твоя, по жизненным уха́бам,
Дорога будет нелегка́.

Пусть даже ты, как бык, здоров,
И силы крепкие в тебе,
Не сможешь ты, без лишних слов,
Совсем проти́виться судьбе.

А Солнце с высоты сияло
И слышало их разговор.
И, несомненно, понимало,
Чем завершится этот спор...

Тебе уже за шестьдесят

Тебе уже за шестьдесят,
Пусть, только пáру дней.
Вот, рядом несколько сидят
Таких, как ты, парней.
А с ними жёны и роднѝ,
Включая их детей.
Почти собрáлась вся семья
К тебе на Юбилей!
Пусть, всё-же, близкие твои
Приехать не смогли,
Все пожелания они
В их дýшах сберегли.
Что б передать их для тебя
В любой, удобный час.
С тобой, здесь вся твоя семья,
Включая верных, нас.

А за окном Ноябрь спешѝт...
И, в сердце – осень золотая.
Как-будто листьями шуршит,
Наш, жизни календарь листáя.

Тётка старая сидела

Тётка старая сидела
И рули́ла “Мерседес”.
Мне до этого нет де́ла,
Не пойду я в “Райсобе́с”.
И, считать её доходы,
Мне, сегодня, недосу́г.
Я, по милости природы,
Всем на свете – лучший друг!
Видеть всё хочу по-бли́же,
Что б всё было на виду́.
Беспорядок – ненавижу!
Сво́й порядок наведу́!
Повторять не перестану:
Если плохо что лежит,
Никогда я брать не ста́ну,
Что мне не принадлежит.
Если, кто-то, вдруг, кого-то
Взять пытался “на испу́г”,
Покажу свои “рассчёты”:
Вот такой я, лучший друг.
Если, всё́-же, мне по “роже”
Дви́нет кто-то, невзнача́й,
Не смолчу́, ударю тоже.
Не́друг мой, ты так и знай!
Несмотря на мои годы,
Приключений я ищу.
И у моря, ждать погоды
Никогда не захочу!

Ты не смейся над моим “писательством”

Ты не смейся над моим “писа́тельством”.
Сам я понимаю, что смешо́н.
Вывожу́ каракули старательно;
Время пробужденья, ко́нчен сон...
Не боюсь критических сужде́ний.
Об одном лишь я тебя прошу:
Здесь – всё то, что я в себе ношу́.
Не хочу чужих, сторо́нних мнений.
Это всё писа́лось для тебя:
Череда́ признаний и сомнений...
Не суди так стро́го ты меня.
Если позабудешь – можешь выбросить
Это всё писательство, как хлам.
Но хотелось бы у бога вы́просить,
Чтобы память сохранилась там,
Где покой свой обрета́ют ду́ши,
И его никто там не нарушит...

Ты не успела оглянуться

Ты не успела огляну́ться,
Как я стоял у ног твоих.
Я захотел к тебе вернуться,
О го́дах вспомнив молодых.
Меня увидев, – промолчала.
Хотел услышать, что-нибудь...
Подумал: может быть с начала,
Начнём мы наш, разби́тый путь?
Ты ничего мне не сказала,
Лишь удивилась ты слегка́.
Когда-то, нас судьба связа́ла,
Но нить была не так крепка́.
Что ж, у́зы наши развязались.
Осталась лёгкая печаль.
И, только в памяти остались
Мечты тех дней, зовущих вда́ль.
И мы разъе́хались, расстались.
И был у каждого свой путь.
Но, в нас желания оста́лись:
Восспоминания вернуть.
Вот, я приехал, я примчался,
Поставив жре́бий на “аво́сь”,
Но, в результате, оказался,
Не лучше, чем незванный гость.
Когда мы были молодыми,
В нас был энергии запа́л.
Но, стали мы совсем другими,
И мир другим, конечно, стал.
Да, нитей по́рванных, не свяжешь.
Пожалуй, это – ни к чему.
Я жду, что ты мнс что-то скажсшь.
Не беспокойся: я пойму.

Ты приезжаешь очень редко

Ты приезжаешь очень редко
Меня с бабулей навеща́ть.
Мы на двери́ поставим метку
И рост твой будем измерять.

Дни пролетают незаметно.
Растёшь ты быстро вдалеке́.
Хоть Сан-Диего ведь не где-то,
А в двух часах и в тра́фике.

Пока что ты сама не ходишь.
Смешо́н твой детский разговор.
Сама, не зная, производишь
Ты, в окруже́нии – фуро́р.

Твой детский плач, порою – крики
Совсем расстраивают нас.
Смотреть, как ты играешь с Ни́ки –
Вот где восто́рга высший класс!

Скучаем мы, с бабулей Ритой.
Лишь внуки – в силах нас развлечь.
Наш дом всегда для вас – открытый
Для новых праздников и встречь!

Ты такая милая

Ты такая милая,
Взгляд не отвести́.
Чья-то, ведь, любимая,
Ты меня прости
За попытку встретиться,
“Навести́ мосты”.
Встре́чи не наметится,
Всё отве́ргла ты...
В жизни, без потерь,
Нет реальности.
Доведён теперь
Я – до кра́йности.
Я б хотел любить,
Словно в вечности.
Не возможно жить
В бесконечности.
Но, напрасны, ведь,
Все старания.
Ты мне лишь ответь,
Дай заранее
Знать, что я – не прав
В ожидании;
Что мой грешный нрав –
Основа́ние
Нашего, с судьбой
Расставания…
Нет у нас с тобой
Понимания.
Птичка сизокрылая,
Вдаль летишь, маня́...
Ты – така́я милая,
Жаль, – не для меня́…

Ты помнишь тот далёкий май

Ты помнишь тот далёкий май,
День пионе́рии советской?
Тогда “жела́ния трамвай”
Увёз нас вдаль, из жизни детской.
Умчал в другой, во взрослый мир,
Где всё в вопросах бесконечных,
Лишь показал ориенти́р
К решению проблем изве́чных.
И мы, энергии полны́,
С задором, дерзостью и страстью
Поверили, что мы должны
Все отыска́ть дороги к счастью.
Казалось нам, что мы взрослей,
Что можем мир перевернуть.
Как будто сотни лошадей
В заманчивый рвану́лись путь…
Как много пройдено: путе́й
Успешных, длинных и коротких;
И неудач, утрат, затей
Невыполнимых и не лёгких.
Но не ошиблись мы в одном:
Когда решили мы сверну́ть
И за границу, в новый дом,
Мы выбрали не лёгкий путь.
Нам к трудностям не привыкать.
Мудре́й вдвоём мы и сильней.
И нам не надо привлекать
Каких-то, в помощь, “лошадей”.
Мы захотели, а суме́ть
Помог нам наш с тобой союз.
Как радостно для нас иметь
Детей и внуков. Это – “плюс”.

А “минусы”? Их позабы́ть
Настойчиво я попрошу.
Ты скажешь: “Так тому и быть.
Не вешай на́ уши лапшу”.
Не страшно в зеркало смотреть,
И лет следы́ увидеть в нём?
Не страшно, даже умереть...
Я знаю, мы с тобой – вдвоём!

Сумеем всё преодолеть.
Мы и станцуем и споём.
На свадьбе внучки бу́дешь петь?
Конечно, мы споём вдвоём!
Как мчатся годы, не догнать...
Переосмы́слить их опять?
Сегодня ровно сорок пять
Тех лет, где мы в одном строю́.
Но я, как-будто бы опять,
С тобой как в ЗАГСе том стою́.
И Мендельсо́на марш звучи́т.
Пьяни́т нас звонкий месяц май.
И сердце бешенно стучит:
Нас ждё́т “Жела́ния трамвай”!
Да, это счастье – вместе быть
В невзго́дах, в радости, в быту́.
И одинаково любить
Земну́ю нашу красоту!

Май 2017

Ты ушёл, удрал, уехал

Ты ушёл, удра́л, уехал,
С горизонта вдруг исчез.
Я была тебе уте́хой,
Ты ж в судьбу мою проле́з.
Грубо, нагло, без огля́дки
Совратил, наобещал...
Цвет ты мой сорвал, как с гря́дки
И он полностью завял.
Нет, я тоже виновата,
Что поверила тебе.
Мягкой я была, как вата,
Просто верила судьбе.
А судьба, она – злоде́йка.
В ней – всё просто, без чудес.
Ты нашёл себе лазе́йку,
В душу мне с нога́ми влез.
Я поверила, дурная,
В чистоту́ твою, до слёз.
Но теперь, поверь, я знаю
Це́ну всех деви́чьих грёз.
Но, подумала я, всё-же:
В жизни есть всему предел.
И твоей слаща́вой роже
Не прости́тся беспредел!
Буду, впредь, я осторожна.
Буду ме́рять всё раз семь.
Знаю: ре́зать раз лишь можно,
Навсегда и насовсем!

У нас всегда

У нас всегда “органик фуд”,
Всё время им теперь питаюсь.
Дисскусию об этом, тут
Я на корню́ прервать пытаюсь.
Ты посмотри, как стол накрыт:
Здесь – всё “орга́ник”, и быть может,
Коньяк, что на столе стои́т,
“Орга́ник” вероятно тоже.
О пользе этого всего
Могу я говорить часа́ми.
Не убеждаю никого.
Вы к этому придёте са́ми.
Мы “настоящую” еду
Лишь признаём и покупаем.
А всю другую ерунду
Давно уже и знать не знаем.
Не нужно во́згласов и па́ник!
На це́ны лучше не смотри.
Еда должна быть лишь “орга́ник”,
Тем, кто не верит, – нос утри.
Статистикой и интернетом.
Что ж, кто не верит, так и быть,
Тому я, с пла́менным приветом,
Наш разговор прошу забыть.
Да. Я, конечно, признаю́,
Что сто́ит это всё не мало.
На философию мою
Цена никак не повлияла.
В дальнейшем буду есть и пить
Я только “правильную” пищу.
Принцссой, знаю, мнс нс быть,
Но думаю, – не стану ни́щей.

У соседа – гармóника

У соседа – гармóника,
Небольшой барабан.
Там, играет “иóника”,
Полный там балаган...

Я сижу за столом,
Память чуть ворошá;
Вспоминаю свой дом,
Что покинул спешá.
Почему так спешил
И куда я стремился?
Сам себя насмешил,
Но, чего-то – добился.
Не жалею я, нет,
Что приехал сюда;
Однозначный ответ:
Говорю только – “Да”.
Здесь, я лучше живу.
Там я жил, лишь в мечтáх.
Здесь, могу наявý
Не испытывать страх.
Здесь есть много людей,
Разных вер, разных стран.
И здесь всё – без затей:
Не пропал – значит – пан.
Я, к соседу зашёл:
“Ты скажи мне “на милость”,
Жизни как колесо
Быстро так раскрутилось?”
На вопрос: “Ке па сó” –
“Как дела “, по-испански,
Часто слышишь: “сó - сó” –
По – американски...

Я, с далёкого бе́рега
Пересёк океан.
Что случилось в Америке,
Этой, лучшей из стран?
В ней – трещит экономика,
Очень громко, по швам...
Но, играет “ио́ника”
И, стучит барабан!

Франция

Франция – засра́нция...
Кто так её назвал?
Под видом иностранца я
Во Франции бывал.
Есть много там хорошего,
Я многое вида́л,
Но, если б был Гавро́шем я, –
Патроны б собирал.
Ах, если б был Гаврошем я,
То точно б – воевал!
Французы любят воевать,
Но двести лет тому́
Им показали "Ку́зьки" мать
И самого́ "Кузьму".
Но только, много лет спустя
Их пыл не охладе́л.
Французы, громко тарахтя́,
Остались не у дел.
Они жема́нны, не просты́.
Везде: "пардон месье".
Порой их ду́ши так пусты́
На много тысяч "лье".

Они, по-глу́пому, мане́рны,
Их па́фоса – большой размер.
Но, всё-же мысли инженерной
Имеется один пример.
Пред трудностями он не сдре́йфил:
В Париже, на глазах у всех,
Свою построил башню Эйфель,
Имея "ба́шенный" успех!

Хорошая девчоночка

Хорошая девчоночка,
Риту́лечка живёт.
Болит моя печёночка,
Болит и мой живот.
Во всём она прису́тствует,
Во всём она “сквози́т”...
А голова всё кру́жится,
И сердце всё болит.
Она – в весенней зе́лени,
В шурша́ньи ветерка.
Болит нога, от го́лени,
До самого пупка́.
И боль такая сильная,
Так всё во мне болит
От моего бессилия,
Что мне не предстоит
С весной прекрасной встретиться,
В ней – весь её расцвет!
Но, всё же, мне не верится,
Что и надежды нет...

Хороши весной в саду цветочки

Хороши́ весной в саду цветочки.
И деревья хороши́ весной...
Сядешь на пенёчке,
Снимешь с ног носочки:
За́пах ты почувствуешь “родной”.

Если прожива́ешь в одиночку,
Жизнь твоя – совсем не хороша́:
Корота́ешь но́чки,
Чувства – на замо́чке,
Очень не спокойная душа.

Не́кому поплакаться в жиле́тку;
За душою нету и гроша.
Крутишь жизнь – рулетку;
Полюби́ соседку,
Пусть она – не так и хороша́.

Хороши́ весной в саду цветочки.
Лучше, всё-же, в жизни быть вдвоём:
Романти́чней ночки,
Ты ж, – не одиночка
На пути, на жизненном своём.

Что ж, прошлый год

Что ж, прошлый год прошёл в сомненьях,
В перепети́ях дрязг и драк;
В неподобающих стремленьях
На всех и всё спустить собак...

Надеюсь, что забудем драки,
И все мы будем в мире жить.
В год восемнадцатый, собаки,
Нам крепче предстоит дружить.

Тому ж, кто не захочет с нами
В согласии всегда идти,
Бог ниспошлёт на них цунами
И “херикейн” на их пути.

Земля мала́, мы это знаем.
Бок-о́-бок трёмся мы всегда.
И, несомненно, понимаем:
Нельзя, чтоб к нам пришла беда.

Я, в этот год, конечно, верю:
Всё образуется, пройдёт.
Доверим мы собаке, зверю
Движенье охранять вперёд?

Что бы там ни говорили

Что бы там ни говори́ли:
“Катаракта – ерунда.
Полчаса́ – и всё, забыли”,
Зрение восстановили.
Без особого труда.
Удалили катаракту.
И, спустя лишь пару дней,
Сле́дуя такому факту,
Должен видеть я ясне́й.
Попросить хочу у бога,
Что б всё бы́ло “высший класс”.
Всё-же, я прозре́л немного
На один, пока-что, глаз.
Это – только половина,
“Сделан” первым – правый глаз.
В левом, видно, вся причина,
Что я в профиль и в анфаз
Видел му́тно. Понимая,
Что пришла пора прозре́ть,
Я решенье принимаю:
В оба нужно мне смотреть!
Чтобы всё, как на ладони
Представля́лось у меня;
Все дела у Саши, Лёни:
Ну мои же сыновья!

Все проблемы, незада́чи
Не решались, видно, зря.
Что же, был я плохо зря́чий,
А теперь – получше я.

Зрением вооружённый,
Я готов рвануться в бой.
Где ж ты был, умалишённый,
Плохо ви́дящий ты мой?
Жизнь акценты все расставит,
Скорректирует опять.
И решения заставит
Однозначно принимать!

Что вам рассказать про Америку

Что вам рассказать про Америку,
Мои дорогие друзья?
Что здесь, я нашёл свою “э́врику”,
И, значит, приехал не зря?

Что мне называть своей Родиной,
Всё то, что осталось вдали́?
В дороге, давно уже пройденной,
“Сожгли мы свои корабли”.

За всё, что простить не сумели,
Мы правде “посмотрим в глаза”,
Вы знаете, я, в самом деле
Руками двумя буду: “За”.

Я, правда, открыл здесь немало,
О чём, лишь мечтать, только мог.
Сейчас только время настало
Взять отдых от бед и тревог.

И солнце здесь све́тит так ярко!
Дышу я свободно, легко.
И кра́сочной радуги арка
Над нами, не так высоко.

Скучаю, я очень скучаю
За вами. Вы – так далеко.
Грущу́ я, когда замечаю
Седеющих пря́ди висков...

Мы многое в жизни теряем.
Так больно всё это терять!
Но, всё-таки, приобретаем,
А время – не движется вспять.

Толстеем, худеем... Жалеем
О про́житой жизни “не так”.
Душой только мы не стареем:
Нельзя ей меняться никак!

Что опять я делаю не так

Что опять я делаю не так?
Почему жена моя так зли́тся?
Вроде, понимаю, – не дурак,
Что должны быть на “одной странице”.

А выходит всё наоборот.
Так стараюсь я не ошиби́ться
И вписа́ться в нужный поворот,
Вместе перели́стывать страницы...

Что же, верно старость подошла.
Тихо так подкра́лась, не заметно.
И меня, как цель свою, нашла:
Хладнокровно бьёт меня, предме́тно.

Чаще стал хандрить, ворчать, болеть.
Мне б, иммунитет бы свой повысить...
Очень мне не хочется стареть
И терять достигнутые вы́си.

Вдруг, на память жаловаться стал:
Забываю па́мятные даты.
Улыбаться часто перестал.
Не хочу, что б всё ушло куда-то...

Я терять надежду не хочу.
Буду я, по мере сил, стараться.
“Колесо” ещё я покручу́!
Что ж мне старости на милость сдаться?

Что, Хиллари

Что, Хиллари?! А хре́на ли?
Тебе сказали: “Нет!”
И многие так сделали,
Дав правильный ответ.
Что ты творила 30 лет –
Тому́ пришёл конец.
Тебе наш Дональд, молодец,
Послал большой привет.
Не будет больше “ли́сьих” лиц,
Улыбок и речей!
Всё кончилось, ты па́ла ниц.
Другой потёк ручей.
Мы верим: он перерастёт
В огромный океан.
Надежду людям принесёт
Больши́х и малых стран.
Что сделать вместе можем мы?
И что дадут прогресс,
И наши лучшие умы
Врагам в противовес?
Поверить хочется в успех
И в ветер переме́н.
Пусть жизнь продолжится для всех
Без войн, интриг, измен.
У нас есть планов “громадьё”,
Но вера нам нужна́:
Улу́чшит ли “житьё-бытьё”
Америка – страна?
Хотим пере́именовать
“Макдоналдсы” в сети́:
“Нашдо́палдами” их назвать...
За это, Трамп, – прости.

Шебурши́тся ветер прошлогодний

Шебурши́тся ветер прошлогодний
В прошлогодней памяти листвы́.
Новый год – совсем не новогодний,
Он у нас – без сне́га, без зимы.
“У природы нет плохой погоды”,
Как в одной известной песне пе́лось.
Вдруг, за многие ведь годы,
Утром на работу не хотелось.
Самый лучший праздник – смена года.
Зимний праздник, он такой желанный!
И, конечо, не причём погода.
Просто я такой сегодня странный,
Сонный, взве́шенный, почти не пьяный.
С “Кабано́м” вчера мы попрощались.
“Мышка” прибежала к нам на год.
Я хочу, чтоб в памяти остались:
Всех счастливых дней водоворот,
И, приятная от них усталость...
Пусть же нам, в год “Мы́ши”, повезёт!

Январь 1984

Шесть лет тебе

Шесть лет тебе, подумать только!
Как время быстро пролетело.
Вот подсчитать, а нам-то сколько?
Мы забываем то и дело.
Стремительно летят года́.
Не уследить за ними взглядом.
Хотим с тобой мы быть всегда,
Но, к сожаленью, мы – не рядом.
Расти, взросле́й на радость всем.
Люби семью, родного брата.
Смотри: большая ты совсем.
Любовью нашей ты богата.
Ты доброй и послушной будь.
Расти счастливой, вместе с нами.
И радовать нас не забудь
Своими добрыми делами.

Шёл по полю пароход

Шёл по полю пароход,
А по морю – трактор...
В том, что всё наоборот, –
Несомненный фактор.
Может, просто выпасть град
С неба голубого.
Удивленьям – нет преград,
Ничего такого?
Или, вот дремучий лес
Вырос вдруг в пустыне.
Что-ж, у нас таких чудес
Множество отны́не.
Чудеса на свете есть.
Да, они – в природе.
Их, порой, совсем не счесть,
Странных, в своём роде.
И в такие чудеса́
Кто-то очень верит.
Их свершают "небеса".
Кто ж их там проверит?
Тем, кто верит в чудеса,
Как же им живётся?
Как же эта полоса,
"Гранью" что зовётся?
Часто – чёрная она.
Но, бывает белой.
Доведёт, порой, до дна
Жизни неумелой.
Иногда живёт народ,
Деньги не считая.
Весели́тся, пьёт, поёт,
Гра́ни той не зная...
Просто не осознаёт,

Что живёт страдая;
Что летит за годом год,
Цифрами сверкая...
Может, всё – наоборот,
Может, мы не знаем,
Что такой путь приведёт
Нас к воро́там Рая?

Що ж ты робыш

(На украинском языке)

Що ж ты робыш, чолови́че? Схамены́сь!
Ба́чу я в твои́м облы́ччи ти́лькы злíсть.
Зго́дэн: тут вже нэ до жа́рту,
Колы́ Украины ка́рту
Ри́жуть на шматкы́...
Колы́ брат йдэ́ про́ты бра́та,
И пыла́е ри́дна ха́та,
На́вить закуткы́.
Збро́ю обиця́в Оба́ма
Украи́ни да́ты.
Та лыше́ пайкы́ смаку́ють
Наши вси солда́ты.
Хто ж тэпэ́р у ри́дний ха́ти?
Певно, москали́ прокля́ти.
Поверны́сь туды́-сюды́,
Ба́чыш: навкругы́ – жыды́.
На́шых хло́пцив – ду́жэ мало...
Що ж цэ з Украи́ной ста́ло?
Що ж цэ бу́дэ з Украи́ной?
Дэ ий майбу́тне?
Бу́дэ ще вона́ еды́ной!
Знай ты, кля́тый Путин!

Этот день – такой приятный

Этот день – такой приятный,
Он – для сердца, для души́.
Не уходит безвозвратно
Наше время. Не спешит.
Пусть продли́тся радость встречи
И веселье будет пусть!
Мы запомним этот вечер.
Если радость сме́нит грусть,
То грустить мы будем позже,
А теперь, под этот тост
Я нали́л, налейте тоже.
Выпьем! Вот, и весь вопрос...

Эта новая затея

Эта новая зате́я
Длится столько лет.
Что ж, от ску́ки панаце́я,
Это – Интернет.
В интернете ты “листа́ешь”
Много разных тем.
Часто ты не представляешь,
Где они, зачем?
Информации так много, –
Трудно всё объя́ть,
Подойти к проблеме строго
И её понять.
Вот, сижу я вечерами,
“Се́рфинг” познаю́.
Вот, посла́ть к “такой-то маме”
Всю эту “фигню”!
Но бывает интересно
Что-нибудь познать.
И, с приятелем совместно,
Тему обсуждать.
Я читаю афоризмы.
Их читать легко.
И в природе катаклизмы,
Вроде далеко.
Только что-то ду́шу гложет,
Не поня́ть подча́с.
Может интернет поможет
В этот поздний час?

Не лежи́тся и не спится
Мне в тиши ночной.
Может что-нибудь приснится
В ночь под выходной?

Для меня все дни недели
И не различи́ть.
Мне совсем не надоели
Сны. Ведь с ними – жить.
Только в выходные, всё-же,
Я не одинок.
Чувствую себя моложе,
Пусть на “волосок”.
Ты всегда мне дать поможешь
Правильный ответ.
Вместе всё решить мы сможем.
Хоть на время “уничтожим”
Этот интернет!

Этот день пусть в вашей памяти останется

Под мелодию "Прекрасное Далёко"

Этот день пусть в вашей памяти останется
И для Лены и для Саши навсегда.
Постарайтесь не лениться, не упрямиться,
Вспоминайте ваши лучшие года!

Пусть прошлое Далёко
Порой было жестко
Мы всё–же его будем иногда вспоминать.
Пусть Львовское начало
Для вас лишь стартом стало,
А нас всех всех собрало
Ваш праздник отмечать!

Сашу Лена повстечала в Сан-Диего
И её наш славный доктор покорил.
Он, конечно, не Брэд Пит, не Шварценегер,
Но, Елене своё сердце подарил!

Прекрасное Далёко
Пришло к вам не с Востока.
Вас только дикий Запад всегда звал к себе.
Друг другу обещая
Все "сладострасти" Рая
Вы путь свой продолжая,
Доверились судьбе!

В сорок лет уже достигнуто немало,
И свершений и хороших, добрых дел.
Ну, а главным всё же в вашей жизни стало:
Появление и Ники и Мишел!

Прекрасное Далёко
Пусть будет без упрёка
О том что оно будет потом, далеко,
Бороться в жизни надо
За мир, любовь, порядок,
Хотя порой бывает
Всё в жизни не легко.

Прекрасное Далёко,
Ведь будет больше прока
Когда мы все сумеем туда заглянуть.
Мы строим, любим, верим,
Не надо нам Пророка.
Вы сами выбирайте
В дальнейшей жизни путь!!!

Саше, Лене – 40 лет
Январь 2015

Я – музыка

Я – музыка, ты – словно скрипка.
Давай, сыграй меня скорей.
И пусть поя́вится улыбка
На лицах наших всех друзей.
С тобой мы, как иголка с ниткой,
Мы вместе, вечно что-то шьём.
Я – Домик. Ты же в нём – Улитка.
Мы вместе дружно в нём живём.
Ты – волосы, а я – расчёска.
Всегда расчёсывать готов.
И ежедневная причёска
Тебе к лицу, без лишних слов.
Ты – пробуждающее утро,
А я – бессме́нный твой рассвет.
И не бывает, почему-то
Ина́че. И вопросов – нет.
Ты – абсолютный слух, я – уши.
Я – глаз, ты – зрение моё.
Хочу тебя я видеть, слушать,
Ловить дыхание твоё.
Мы, у часов, с тобой – две стрелки.
Счёт времени с тобой ведём.
Мы, словно, в колесе – две бе́лки,
В забе́ге, но не устаём.
Ты – сердце. Я же, вроде, – чувства,
Что не возможно передать.
Как вдохновение искусства,
Что ни купить, и ни продать.
Горишь ты, яркая свеча́.
Я, как фитиль, я – для горенья.
Не принимаем, сгоряча,
С тобой мы главные решенья.

Ты – пчёлка. Ну, а я – твой у́лей.
Процессом связаны одним.
Мы вырастили двух "сыну́лей",
Всё лучшее отда́ли им.
Ты – жизни дерево, я – листья.
Тебя укро́ю, ты – со мной.
И пусть дурная зависть "ли́сья"
Всех обойдёт нас стороной.

Мы – вместе. Это – навсегда.
Не представляю, как ина́че.
И пусть проносятся года
В здоровьи, в радости, в удаче.
Бываю я подо́бен туче.
Ты – дождь, проли́вшийся с небес.
Не думаю, что б было лучше
Друг друга обходи́ться без.
С тобой мы, как иголка с ниткой.
Всегда стремимся что-то сшить.
Давай же радостно, с улыбкой
На свете белом будем жить!

Я в джим два раза в день хожу

Я в джим два ра́за в день хожу
И вот, хочу признаться вам:
Чудесно время провожу,
Я всё за джим за свой отдам.
Следить за о́бликом своим –
Прерогати́ва жизни всей.
Ты – мой досу́г, чудесный джим,
Ты – самый лучший из друзей.
Ты мой поддерживаешь вид.
Ты – как супруг и как семья.
С тобой ничто́ мне не болит.
Болеть – совсем не для меня!
Пусть время где-то там летит.
Не пропущу я джим ни дня.
Меня он только молоди́т,
Он – панаце́я для меня.
Считаю: в жизни мне фартит:
Стройнее стала во сто крат.
Уме́рила свой аппетит
И сразу ви́ден результат!

Я в слова хочу вложить тепло

Я в слова́, хочу вложить тепло,
Чувства гордости, любви и восхищенья.
И скажу, что всем нам – повезло
В том, что при́нял мир твоё рожденье!
Лет немало про́жито тобой.
На сто лет вперёд, имей терпенье.
Оставайся долго молодой,
Навсегда, не только в День рожденья.
Чуть заметные морщинки, седина,
Лишь чуть-чуть, но – портят настроенье...
Ты поверь: всё это – ерунда.
У тебя, сегодня – День рожденья!
Есть два сына, па́рни, "хоть куда".
Любят, ценят. Разве есть сомненья?
Не оставят маму, никогда.
И, не только в День её рожденья.
Любит муж, горди́тся, хоть поро́й
И бывают, в жизни, огорченья...
Ты, глаза на них чуть-чуть, прикрой:
День сегодня – твоего рожденья!
Вот, улыбка, озари́вшая тебя,
Прекратила гру́сти наважденье.
Будем мы, немного погодя,
Праздновать любимый День рожденья!

Март 1997

Я вас прошу: не проходите мимо

Я вас прошу: не проходите мимо,
Остановитесь только на мгновенье.
Сегодня именинник – Юфа Фима,
Он празднует не только День рожденья.

Я постараюсь кратко изложить
Мотивы, по которым вместе
Хотим мы быть, всегда дружить
С тем, кто в строю, и в нужном месте.

Не так давно прошли те времена,
Когда от Жмеринской земли необозримой
Могла ещё Советская страна
В подарок принимать таких, как Фима.

Открытый, он с улыбкой всем даримой
Всегда к общенью рвётся, словно в бой.
И мы готовы к бою, милый Фима.
Хотим общаться чаще мы с тобой.

Была война, потери, беды, гетто...
Ты всё прошёл и сохранил тепло,
Которым по сей день ещё согрето
Твоё прекрасное семейное гнездо.

Ты в Черновцах, в студенческие годы
Талант свой проявлял и мастерсво.
Преодолев тогдашние невзгоды,
Ты стал текстильщиком, – какое торжество!

Недаром парнем был ты башковитым.
Ты направление в Одессу получил
И стал ты, Фима, настоящим одесситом,
Закоренелым, словно век им был.

Для экскурсов в судьбе твоей прекрасной
Обзавестись всегда хотел ты гидом.
Искал упорно, всё же не напрасно
Ты встретил в Черновцах подругу – Фриду.

Женился и увёз её в Одессу.
Но новая семья расти хотела.
И тут произошла прибавка к “весу”:
У Юфов родилась дочурка Белла.
Они всегда трудились неустанно:
В семейный мир пришла малышка Анна.

Потом учился Фима в Ленинграде.
Толковым был, не просто слова ради.
Служить для многих Фима мог примером,
Ведь был по жизни он не просто инженером!

Семья совсем на славу получилась:
Работала, старалась и училась.
Жила она не плохо в мире том.
Но что-то вдруг с СССР случилось
И многие решили: "за "бугрóм”
Найдём мы для себя свой новый дом
И жизнь по-новому свою начнём".

Первопрохóдчицей, конечно, стала Белла.
Она для всех всегда была примером.
И, вскоре остальные, также смело
В Америку "рванýли" навсегда...

И вот, когда уже прошли годá,
Мы видим Фимино семейство вместе:
Здесь каждый "парень просто хоть куда",
При деле каждый, на надёжном месте.

Я рад за них, за Фимину семью.
Побольше бы таких на белом свете!
И я свою судьбу благодарю
За то, что их в Америке я встретил!

При всей этой торжественной эгиде
Как-будто позабыли мы о Фриде.
Она – жена, помощница, директор.
Таких сейчас ты встритишь крайне редко.

Всегда при нём. С любовью, пониманьем
Готова выполнить любое пожеланье.
Любой вопрос они решают вместе:
Он – голова, но на надёжном месте

Ноябрь 1997

Я давно разучился стихи писать

Я давно разучи́лся стихи писать.
Очерствел я душо́ю, что-ли?
Я сегодня, просто хочу сказать
Пару слов, на этом застолье.
Собрали́сь мы те́сной компанией здесь,
Отмечать моей "Риш" День рожденья;
Чу́дной Женщины! Верьте, это – не лесть
Это – просто мои убеждения.
Она – добрая, тонкая, чу́ткая мать.
И, подруга моя и – друзей наших, верных.
Где же бабушку можно такую сыскать?
Не найти, без усилий неимове́рных.
Тост простой: "За ду́шу её и тепло,
За здоровье, которое всем нам ну́жно.
Что б удачу ей будущее принесло!
За любовь"! Так, выпьем все, дружно!

Я вспоминаю наш старинный

Я вспоминаю наш старинный,
Наш уникальный Стрыйский парк:
Два белых ле́бедя, так чинно
Плывут в пруду. И тихо так,
Что се́рдца слышится бие́нье
И мысль пронза́ет иногда,
Что я готов, за те мгновенья,
Забыть другие города...

Мне часто снится львовский, наш,
Такой осо́бенный вокзал.
Ведь ты, забвенью не предашь
То место, где всегда встречал
И, очень часто, провожал
Ты близких, дорогих людей,
Терял ты пре́данных друзей.
То место, где, в последний раз
Ты слово произнёс: “Прощай”.
В ответ звучало, как приказ:
“Писать почаще обещай”!
По миру всех нас раскидал
Вот этот, львовский наш, вокзал...

Сон продолжается, он – длинный.
Воспоминанья лучших дней
В нём проплывают, как картины
Музея памяти моей.

И, в верени́це тех картинок,
Как и́скра в тёмном свете сна,
Всплывает наша “Площадь Рынок”,
Её старинные дома.

Здесь каждый дом – неповтори́мый,
Построен, словно на века́.
Я город созерца́л любимый,
И наблюдал издалека.
Я устанавливал антену
На крыше до́ма своего́,
Желая мир, обыкновенный
Увидеть. Больше ничего.
Планета – в ви́хре изменений.
Мир созерца́я, ты поймёшь,
Что для мечты, надежд, стремлений,
Иное место ты найдёшь!

Театр Оперный, прекрасный,
Сказать что можно про него?
Ведь называют не напрасно
“Визи́ткой го́рода” его.
Ты, в центре го́рода стоишь
И, что-то мне напоминаешь:
Как-будто, маленький Париж
У нас в гостях. Ты ощущаешь,
Что европейским ду́хом веет
От улиц, площадей, домов.
И вновь, в каштанах зеленеет
Красивый, древний город Львов.

Да. Был мой город, был мой дом,
Где из брусча́тки мостова́я;
Где каждый камень мне знако́м,
И где все улицы я знаю.

Он стал чужим таким и тёмным.
И у́часть у него – своя.
Я чувствую себя бездомным
И при наличии жилья.
Я знаю: ностальгия это,
А без неё прожи́ть нельзя,
Когда разъехались по свету
Твои родные и друзья.
Кружа́тся в памяти картинки.
Ничто не сможет их стереть.
В наш век, я всё-же по-стари́нке,
Хотел бы до́ма умереть...

Я достаю из брючного кармана

Я достаю из брю́чного кармана
"Ай фон", что б текст последний прочитать.
А за окном бушует "Санта Ана"
Так сильно, и не хочет утихать.

Ну, слава богу, вроде всё в порядке:
Здоровы все и нет же новостей.
А ветер по деревьям, без огля́дки
Проно́сится, как тысяча чертей.

Порвал клеёнку на столе балконном,
Сорвал и сбросил ветви пальмы вниз.
Сквозь щели, на стекле око́нном
Так ту́по бьются шторы об карниз.

В камине ве́тра дикий вой я слышу.
И две́ри, будто ходят ходуно́м.
И я прошу: но будь немного тише,
И так проблем достаточно со сном.

Никак не успокоится стихия.
Мне не спало́сь, я трудно засыпа́л.
Проснувшись, написал стихи я,
Которые так долго не писал.

А утром, вероятно, сти́хнет ветер,
И день начнётся с чистого листа́.
Как будто жизнь, для всех на белом свете,
Всегда благоприятна и проста...

Я дам тебе один совет

Я дам тебе один совет,
Как всё-же скрыть мара́зм,
Когда тебе так много лет
И ум зашёл за ра́зум.
Старайся нос свой не сова́ть
В дела других так часто.
Тогда никто не будет знать,
Что ты – любитель "ша́стать".
Ты в спорах разных пыл уйми́.
Ты – далеко не ра́вный.
Старайся думать, и пойми,
Что ты уже не главный.
Так успокойся и живи
Потише, словно мышка.
Ты сильно на педаль не жми:
Ты, всё-же, не мальчишка.
Педаль теперь – не для тебя
И жмут её другие...
За горизонт тебя маня́,
Фантазии благи́е
Пыта́ться будут увезти,
Но ты не поддавайся.
Поти́ше будь. Себя вести
Приличней постарайся.
Ещё теорию одну
Позна́й, пока что можешь:
Не будешь слушать ты жену –
Всегда себе дороже.
Ведь лучше друга не сыска́ть,
Когда жена есть рядом.
Знай: вместе нужно привыкать
Держать во всём порядок.

Давать совет – всегда легко,
Вот слéдовать – не очень.
Пусть до маразма далеко,
Но всё-же, между прочим,
Сказать хочу: держись старик,
Держись, как можно дóльше,
Но, если ты в совет не вник, –
Читай и думай больше.

Декабрь 2016

Я из кла́зета вышел

Я из кла́зета вышел...
Я закончил ремонт!
Только вышел – услышал
Про себя этот “понт”:
“Он же пишет там что-то,
Пишет там “втихаря”...
Ну, а как-же работа?
Что сидел я там зря?
Гладко вы́белил сте́ны,
По́лки установил.
Тонкий дух Мельпоме́ны
Там, слегка уловил.
Кла́зет – место “круто́е”.
Я раскрою секрет:
Место там – не простое,
Если вы́думки нет.
Там придумать возможно
Много разных идей.
И, затем, осторожно
Посвятить в них людей.
Две рабочие смены
Отстоял, отсидел.
Но, насу́щной проблемы
Я решить не сумел.
Я из кла́зета вышел,
Сделал всё, как умел.
Хорошо, что на крыше
У меня нету дел.
Ведь для мысли полёта
Нам нужна высота.
Жаль, что эта работа –
Далеко не проста!

Но никто не услышал,
Что ответ есть другой:
Раз из кла́зета вышел –
Значит он – “голубой”.

Я заехал попрощаться

Я заéхал попрощаться,
Уезжая навсегда.
Как бы я хотел остаться,
Если б ты сказала: “Да”!
Может мы смогли б построить
Нашу, новую семью?
К сожаленью, не устроить
Мне счастливой жизнь твою.
Мог бы взять тебя с собой я.
Был бы счастлив навсегда.
Но, теперь, тебя теряя,
Удручён, как никогда.
Ведь, к большому сожаленью,
Был твоим ответом: “Нет”...
Лёг на сердце чёрной тенью
Отрицательный ответ.
Нелегко мне так уехать.
Ты скажи. Я всё пойму.
Я, скорей всего, – помéха
Будущему твоему.
Как не хочется сдаваться!
Слабость я свою корю́.
Что ж, счастли́во оставаться...
Я тебя – благодарю.
И, конечно, понимаю:
Час разлуки наступил.
Я – потерян. Я страдаю.
Без тебя мне – свет не мил...

Может где-нибудь, когда-то
Всё-же встретимся с тобой...
Только, с точкой невозвра́та, –
Как с несбывшейся мечтой.

Я к вам в гости собираюсь

Я к вам в гости собираюсь.
Моюсь, бреюсь, одеваюсь.
Мне давно уже попало:
Выслушал я слов не мало

От жены за промедлéнье.
Надо же иметь терпенье
Слушать слов её журчанье,
Подтверждая пониманье.

Мысль о врéде алкоголя
Мне твердит жена всегда.
Стыдно мне, порой до боли
Пьяным быть в мои года.

Когда слышишь: “наливай”,
Выпьешь рюмку, может две.
Водка ж, – далеко не чай:
Он, не “бьёт” по голове.

Что хочу сказать я, братцы:
В праздничном застóлье,
Сможешь разве отказаться
Ты, от алкоголя?

Я спросить всё вас хочу;
Доверяю, как врачу:
Когда выпито немáло,
А потом вдруг плохо стало,
В чём проблема? Дай ответ:
Врéден алкоголь, иль нет?

Я опять лежу на спине

Я опять лежу на спине.
Ты храпишь, и мне – хри́пло дышится.
Наяву́ это, или во сне,
Мне командный голос твой слышится:
“Повернись ты на левый бок,
Повернись поскорее, пожалуйста”...
Повернулся. А будет ли прок?
Если нет, то иди, пожалуйся,
Что не можешь опять уснуть,
Головная боль разыгралась...
Ты не сможешь себя обмануть:
Это, просто, – большая усталость.

Я помню, был такой же вечер

Я помню, был такой же вечер.
Был, правда, много лет назад.
Сидели мы, горели свечи...
Был “Оливье”, другой салат.
Хрустальные фужеры были,
И, лица молодых друзей.
Мы веселились, пели, пили.
Всё было просто, без затей...
Теперь и дети есть, и внуки.
Другое счастье бьёт ключём.
Есть ностальгия от разлуки
С тем временем. Хотя, о нём
Мы помним. Го́ристи и му́ки,
Мы многое прошли тогда...
Сегодня, всё – совсем другое.
Но, всё ж, как прежде, сквозь года,
Твоё лицо, оно – родное.
Таким и будет навсегда!

Я попрошу меня не беспокоить

Я попрошу меня не беспокоить.
Хочу я сделать добрые дела.
Мечтаю сделать что-нибудь такое,
Что б ты достойно оценить смогла.
Я подойду тебя поцеловать.
Скажу тебе красивые слова.
И постараюсь вновь пообещать
Такое, чтоб вскружи́лась голова.
Пусть ска́занное добрыми словами
Всё воплоти́тся в добрые дела.
И то, что происходит с нами,
Не вызывает зависти и зла.
Мне кажется, что выполняю я
Неплохо данную работу,
Но всё-же удовлетворе́ния
В тебе не вижу, отчего-то...
Я помогу с домашними делами,
Которые не кажутся “мужскими”,
Но делаются далеко не “сами”,
А много времени ты тратишь с ними.
Я облегчи́ть твой, постараюсь, труд
В уборке и в готовке даже.
Ты в доме создаёшь такой уют,
Который так для нашей жизни важен!
И делается это – лишь для нас.
Мы так хотим и понимаем сами,
А не для выставки, в которой напока́з
Красивый фронт, но с грязными углами.
Пусть будет в жизни всё-таки у нас
В порядке всё разложено по по́лкам.
Что б мы “смотрелись” в профиль и анфаз
Наперекор различным кривотолкам.

Я пою и ты поёшь

Я пою и ты поёшь.
Раньше пели хóром.
Я иду и ты идёшь
Вдоль по коридору.
То, что ищешь, то – найдёшь
Ты, довольно скоро.
Я забыл. Не помнишь ты,
Как мы были вместе.
Я дарил тебé цветы,
Как своей невесте.
Как же так произошло?
Что-же вдруг случилось?
То, что было, то – прошло,
Нет, не получилось.
Я – другой, другая – ты.
Что ж тут разбираться?
Кроме в сердце пустоты,
Что могло остаться?
Я, конечно, виноват.
Ты – не виновата.
Не вернуть любовь назад,
Что была когда-то...

Я пришёл домой навеселе

Я пришёл домой навеселé.
Были для того свои причины.
Гóры фотографий на столе
Представляли жизни всей картины.

На столе лежат фотоальбомы,
Много старых, с детских, юных лет.
Там, есть фотографии знакомых,
И родных, давно которых нет.

Там, на фото, дети есть и внуки;
Всех друзей, там фото, дорогих.
Вспоминаю боль моей разлуки...
Вряд ли, встречу я ещё таких.

Взял я в руки старую тетрадь,
Стал страницы памяти листать...
Там – мои стихи про наше прошлое,
Нужно вспоминать про всё хорошее.
Также, там стихи про настоящее,
И про нашу жизнь, стрелой летящую.

День рождения сегодня у меня.
Дата, хоть не круглая, но всё же...
Старше не почувствовал себя.
Но, не становлюсь же я моложе?

Был бы рад, совсем без лишних слов,
Скинуть с вóзраста хоть пáрочку годков.
Повернуть бы жизнь немного вспять,
Что-то новое, хорошее начать!

К сожалению, закончилось веселье.
Жизнь не станет счёт свой предъявлять.
В предрассветные часы похмелья,
Хочется немного помечтать...

Я предлагаю всем вам тост

Я предлагаю всем вам тост
За положи́тельность и
Перспекти́вность;
За лу́ка ре́занье, без слёз,
За за́пахи чудеснных роз
И за моей жены активность.
Живи активно! Будь желанной
Подругой, матерью, женой.
Такой же будь ты, многогранной,
Для нас любимой и родной!
Пусть сбудутся твои желанья!
Не будем спорить никогда.
И мы приложим все старанья:
Тебя поддерживать всегда!
Я предлагаю выпить тост
За самый главный наш вопрос.
Зачем мы все здесь собрали́сь?
Пока мы тре́звы и не напили́сь:
За нашу “ду́жэ га́рну кві́точку,
Чудо́ву на́шу” Маргариточку!

Я скажу спасибо лишь за то

Я скажу спасибо лишь за то,
Что мы – вместе и ты – просто есть.
И не упрекнёт меня никто,
Что это неправда или лесть.

Дышим в унисóн мы много лет.
Что бы ни случилось, будешь рядом.
На любой вопрос найдёшь ответ.
Пониманье вы́сскажешь, лишь взглядом.

В мире, для меня, подóбной нет,
И, в моей судьбе, другой – не надо.
Мы, взаимной верности обéт
Дáли. И, у нас всегда порядок.

Знаю, справедливая моя,
Не всегда довольной ты бываешь.
Дети, внуки, и, конечно, – я:
Те, кому всегда ты помогаешь.

Верная жена, бабуля, мама,
Будь здоровой и всегда любимой.
Будь всегда такóй же ты, упрямой
И невзгоды пролетят все мимо.

Так уже сложилась наша жизнь,
Взлёты в ней бывают и паденья.
Что бы ни случилось, – ты держись.
Бог вознаградúт твоё терпенье.

Я хочу, что б долго ты жила.
Годы пусть текут, куда же деться?
Крутятся, пусть, вечные “дела”.
Нам, от суеты, не отвертеться!

Я расистом, вроде, не был

Я расистом, вроде, не был,
Жил и рос в СССР.
Там, для всех, родное небо,
Словно “ра́венства пример” –
Одинаково свети́ло.
И, для всех, конечно, рас
Равноправие там было.
Так воспитывали нас.
Много было там конфе́ссий,
Разных классов и профессий.
Там религии все бы́ли.
Среди них – иуда́изм...
Думаю, вы не забыли
Слово: “антисемитизм”.
Лишь одна национальность
“Вызывала” актуальность.
И не важно: верил в бога,
Или атеистом был.
Коль еврей – одна дорога
И судьба, чтоб не забыл:
Ты такой, своеобразный,
Ты не можешь жить, как все.
Твой семи́тский дух заразный
Должен сгинуть в нищете!
Помню, в школе, почему-то,
Обзывать меня́ “жидо́м”
Очень нравилось кому-то...
Мне же, убеждаться в том,
Как для будущего ва́жно,
Что в графе́, под цифрой пять,
“Говорилось”, пусть “бумажно”,
Где, и кем себя считать.

Было дико и обидно,
Что меня сочли́ другим.
Перекрыли, очевидно,
Кислород нам всем “таким”.
Вот, поэтому старались
Как умели, как могли;
Мы за лучшее цеплялись
И, вперёд мы только шли.
Затянув ремень поту́же,
Мы стремились победить.
Чтобы стать других не хуже,
Равными со всеми быть.
Мы – актёры, музыканты,
Шахматисты, доктора́.
Наши, общество, таланты
Принимало “на-Ура”.
Только слово “жид” встречалось
Повсеместно и всегда.
В этом, что-ли, заключалось
Равноправие тогда?
Жить среди антисемитов
Стало мне не в моготу́.
Из-за “равенства” лими́тов,
Я осуществил мечту:
За границу я уехал,
Прихватил с собой семью.
Здесь добился я успеха,
Родину обрёл свою.
Но, скажу я прямо, честно:
Здесь, по-разному живут.
Далеко не повсеместно
Для изгоев есть приют.

Только нет графы здесь “пятой”,
И с “евре́йством” тех страсте́й.
Не звучит ответ проклятый:
“Потому, что ты – еврей”.
Мне же, из-за океана,
Всё видне́й, теперь, в сто крат:
И души еврейской рана,
“Сионистский компромат”.
Если слышу, что когда-то
Разговор идёт о том,
Что евреи виноваты, –
К горлу подступает ком.
Проявляться стал всё чаще,
В преломлённом свете призм,
В нашей жизни, настоящий,
Новый антисемитизм.

Я скажу тебе любя́

Я скажу тебе любя́:
Перестань грустить.
Две шестёрки для тебя
Можно “опустить”.
Это только цифры две
В возрасте твоём.
Мы, дове́рившись судьбе,
Их перевернём.
Две девятки – цель большая,
Мы, к ней, подойдём.
Будем вместе, дорогая,
Рядом, день за днём.
Тройки две пройдут, я знаю,
Даже трудно, пусть.
Будет согревать, родная,
Глаз любимых грусть.
Не богаты мы с тобой.
И, здоровье – так...
Но, у нас, души́ с душой
Прочный есть контакт.
Ну́жное – добавим мы.
Будем долго жить.
Вдруг попросит кто взаймы, –
Сможем одолжить.
А мечта моя – проста́:
Рядом дольше быть!
Грусть в глазах, и доброта:
С ними – можно жить.

Я смотрю на портрет

Я смотрю на портрет,
Где стоя́т три сестры.
Пронеслось много лет
С той далёкой поры,
Когда в счастье, веселье и мире
Жили сёстры. Их было – четыре...
Мама их родила́
Для любви и тепла,
Но судьба изменила задачу:
Та – не лёгкой была,
Много бед принесла;
Всё пошло совершенно иначе.
Была́ страшной война.
Вся, в пожарах страна.
Было горе и горькие слёзы.
Был сире́н дикий вой;
Был и фронт трудовой,
В Казахстане, в крутые морозы.
У сестёр, у трои́х,
Се́мьи были у них.
Обстоятельства всех разброса́ли.
Но, разлуки года,
В жизни их, никогда
У́зы верности не разорвали.
У одной из сестёр
Бо́ли вспыхнул костёр,
Ра́ня ду́шу по са́мую кромку.
Мужа с фронта ждала́...
Боль в кулак собрала́:
Получила она похоро́нку.

Но, победа пришла!
Жизнь сестёр всех нашла,
Попыталась собрать всех их снова.
Только трое сестёр
Согласились на сбор
В сте́нах древнего города Львова.
По веле́нью судьбы
У сестры, у вдовы
Вновь, на счастье, семья появилась.
Луч надежды проник,
Новый муж – фронтовик
Ей доста́лся. На то – божья милость!

Самой младшей сестре,
Словно в детской игре,
Предложи́л принц поймать жар-птицу.
Он довёл всех до слёз,
И сестричку увёз
В Польшу, бли́жнюю заграницу.
У четвёртой сестры
Было всё, до поры́:
Муж, семья, но в Самаре, на Во́лге.
Ошара́шила всех,
Заболела, на грех...
Её век оказался не долгим.

Но прошло много лет.
И опять белый свет
Разброса́л трёх сестёр по странам.
Что ж, согласно судьбе,
Оказались лишь две
В той Америке, за океаном.

Ну, а старшей сестре,
Словно в календаре,
Был с семьёй её вы́езд назна́чен.
Что-же, выбрали путь,
Без надежды: свернуть…
И – в Израиль. А как же иначе?

Я смотрю на портрет...
Но, сестёр больше нет.
А в душе – только память осталась.
Ведь придёт же наш час...
Кто-то вспомнит о нас?
Пусть когда-нибудь. Самую малость...

Я уехал очень далеко

Я уехал очень далеко,
Чтобы просто в жизни разобраться.
Уезжать мне было не легко.
Тяжело мне было оставаться.

Не легко, порою, убежать.
Мы бежим от мыслей и поступков.
Но стремимся, всё-же, удержать
Ниточку надежды, очень хрупкой.

А бежим мы от сами́х себя,
Думая, что сможем всё исправить,
И себя, и близких теребя.
Может, лучше, всё, как есть оставить?

Мне бы взять и мудро оценить
Все мои возможности и цели.
Чтоб они наглядно убедить,
Воодушевить меня сумели.

Попытаюсь, всё-же, измени́ть
Самого себя, хотя бы ма́лость.
Мне плохое надо позабыть,
Чтоб прошла душевная усталость.

Вот тогда, возможно, я вернусь.
Нужно только с силами собра́ться.
Но, на прошлое я тихо оглянусь,
Чтобы вновь туда не возвращаться.

Я уйду в другое измерение

Я уйду в другое измерение,
Где мои размеры – в самый раз.
Где не будет капли подозрения,
Что я, во́все, не на всё горазд.
Не горазд на смелые решения,
Вряд ли изменю́ свою судьбу.
Но, одно мне будет в утешение:
Вера в то, что “там” мою мольбу́
Слышат, и пытаются помочь.
Всё-таки, я наберусь терпенья
И, тогда сумею превозмочь
Трудности в приня́тии решенья.
Возраст мне позво́лит продолжать
По́иски успеха. Но, возможно,
С неудачей я столкнусь опять.
Действовать я буду осторожно...
Мне себя придётся изменить:
Оптимизма порцию добавить.
Хватит прошлые ошибки береди́ть.
Новые задачи нужно ставить!
Я поверю, что совсем другой.
В небе “журавля́” искать не стану.
Пусть “синица”, даже и со мной,
Всё-равно, мечтать не перестану!

Яблоко, красивое снаружи

Яблоко, красивое снару́жи,
Оказалось по́рченным внутри...
Если ты, случайно обнаружишь
В дружбе фальшь, ты дружбу разорви.

Да. Не часто в жизни встретишь
Ты людей, по ду́ху своему.
Жаль, что мимоходом, не заметишь
Тех, кто бли́зок сердцу и уму.

Есть приятели, товарищи, соседи.
Есть попутчики, коллеги, но – друзья:
Те, не только хороши́ в беседе,
Смогут, в жизни, поддержать тебя.

Дружба проверяется года́ми.
Дружба не бывает “просто так”...
Дружба умирает вместе с нами:
Это – очень важно, не пустяк!

Дружба быть не может чем-то, ме́жду.
Она есть взаправду, или нет.
И друзей не сме́нишь, как одежду.
Да, на них “сошёлся кли́ном свет”.

Я, бы, съел…

Я, бы, съел тарелку супа
С удовольствием большим!
Я считаю, это глупо:
Соблюдать в еде режим.
Если следовать диете
И калории считать,
Трудно жить на белом свете
И желанья подавлять.
Удовольствий в жзни – ма́ло
И одно из них – еда.
Я, бы, съел кусочек сала.
Ломтик сала – не беда.
Я, в себе не замечаю
Ве́са лишнего совсем.
Я калорий не считаю,
Всё подряд и пью и ем.
И процент "холестерина"
Я в продуктах не ищу.
Если пища, как резина, –
В унитаз её спущу.
Есть ли соль и сахар в пище,
И процент их в ней какой?
Пусть все эти цифры ищет
Всё-же, кто-нибудь другой.
Пищи много организму
Доставляем иногда.
Переéл, так сделай клизму:
Всё очистит, как всегда.
Макароны и котлеты –
Запрещённая еда?
К чёрту все эти диеты,
В них полезна, лишь – вода.

Сколько раз мне в день покушать?
Что полезно, а что – нет?
И кого я должен слушать?
Где взять правильный ответ?
Всё-же, я не исключаю
Мысль о пище “без вреда”.
Что ж, возможно, поменяю
Образ жизни я тогда.

ГЛАВА 2.

ЭПИГРАММЫ. ШУТКИ. РАЗНОЕ

Памятник Адаму Мицкевичу (польский поэт, драматург, публицист, профессор славянской литературы), Львов, Украина

Родным и знакомым

Умолкли все споры и крики,
И нам, здесь, совсем не до смеха:
В гимнастике наш, Шпанер Ники
Добился огромных успехов!

*****

Это – её увлечение,
Я бы сказал – её “То́пик”:
Программное обеспечение
К триумфу ведёт “Хат То́пик”!

*****

И пусть терапевты убо́гие
Ведут с пациентом беседу,
Гастроентерология –
Сашино в жизни кре́до!

*****

Не славы Саши кулинарной ра́ди,
(Она давно “смущает наш покой”)
Не покупайте турку в Карлсбаде:
Ей далеко до Сашиной, такой.

*****

Правдолюбов на Земле –
Ме́рено – не ме́рено;
Ты – одна из них, и к цели
Ты идёшь уверенно.

Сообщи, когда дойдёшь,
Радость – разделю́.
Справедливая моя,
Я тебя люблю!

*****

Пусть тянется верёвочка,
Пусть будет долго ви́ться.
В тебя, мой милый Вовочка,
Так трудно не влюбиться!
Конец для той верёвочки,
Как – пре́рванный полёт...
Ох, трудно будет Вовочке,
Когда любовь пройдёт.

*****

Пра́вой, только – пра́вой!
Кто там начинает с левой?
Ильюша гордится по праву,
За то, что живёт он с Евой.

*****

Программиста держит марку
Математик, Ева Маркман.

*****

Раз, Илья пошёл налево,
Но его поймала Ева.
Подлови́ла на горячем...
Понимаем, чуть не плачем.
Ты, Ильюшенька, – не плачь:
У тебя, в семье, есть врач,
И юрист, и программист,
Сам ты – велосипедист!
У тебя одно есть пра́во:
В жизни, руль крутить – направо!

*****

Сейчас добавлю “пару грамм”,
Прочту вам много эпиграмм.
Начну с семьи, известной вам.
Её на “суд” на ваш отдам.

*****

Он для врагов, по жизни – “крокодил”.
Для остальных он – парень очень милый.
Дай бог, чтоб правильно распределил
Добра и Зла он в этой жизни силы.

*****

Он думает, что – “Командир”!
Она, тихонько усмехаясь,
Даёт ему ориентир...
Он покорить готов весь мир,
Беспрекословно подчиняясь...

*****

Артрит пусть ко́сти не “ломает”.
Он, всё-же, – велосипедист!
На пианино он играет
Как настоящий пианист.

*****

Ру́ки – выше! Но́ги – ши́ре!
Кто гимнаст в этой квартире?
Кто изда́л в семье указ,
Проверяет каждый раз?:
“Взрослые и даже дети
Следовать должны диете!”

*****

Командирский слышен голос,
Он из “Дже́несси” идёт!
“Тихо так”, что даже во́лос
С головы не упадёт...

*****

Хороший муж, отец хороший.
Приличный, даже, кулинар.
И ездит он всегда на “По́рше”,
Как-будто мчится на пожар.

*****

Всем старается помóчь.
Ей бы время мáлость!
Как бы только превозмочь
Вечную усталость?

*****

Весь мир напóлнен чудесами!
Вот, среди нас – такие “розы”!
Стараются всё делать сами...
От их шипов – бывают слёзы...

*****

Он никогда без дéла не сидит.
Его всегда достанут пациенты.
А, если у него что заболит,
Тогда возникнут “сложные моменты”.
Рукастый парень. Так должно и быть,
Но вот себя он в “рýки взять” не хочет.
Когда врача необходимо посетить,
Идёт “в отказ” и голову морочит.

*****

На витринах в магазинах –
Тесный ряд бутылок винных...
Вино, конечно, – “панацéя”!
Но мера тоже быть должна.
И вижу часто на лицé я
След недопитого вина...

*****

В деви́честве, Софи́я Авербу́х
Всегда имела очень сильный дух.
В заму́жестве, Софи́я Писаренко
Не изменила данную оценку.

*****

Альбе́рт, посмотрев на Иру,
Сказал: "Покупаем квартиру".
Сказал это он, между прочим,
С уверенностью.., но "не очень".

*****

Ты уж прости нас, Ги́терман Ирина,
Тебе сказать хотели мы,
Что создала́сь такая вот картина,
Что нам взъеро́шила умы:
Когда ты встретила Петра́,
Дождаться не могла утра́.
Жизнь, – словно сахар и халва,
Ему – сплошная похвала:
И на Кавказе он быва́л,
В Афганистане – воевал,
В прися́дку та́нго танцевал...
Но, в остальном, прекрасная Ирина,
Тебе, мы знаем, – хорошо.

*****

Пусть решать проблемы мира
Будет, кто-нибудь, "большой".
Я решаю – "для близи́ра",

Про себя сказала Ира...
Тут же, вышла из сортира
С облегчённою душой.
Всех собак, в своей окру́ге,
Ты готова приютить.
Что ж, пора нашей подруге
Дом “собачий” прикупить.
Ты, собачек очень любишь,
Приласкаешь, приголубишь...
Только Петя, он – ника́к
Не приве́рженец собак!

*****

Ира вышла из сортира
И, подумала она:
“Эта съёмная квартира,
Мне зачем она нужна́?
Рент платить такой высокий
Мне не хочется совсем.
Мне теперь, как одинокой,
Полагается, как всем:
По субси́дии квартира.
Ну, не дура ж я совсем” –
Рассуждала наша Ира.
“Будут комнаты, пусть две.
Что ж, проти́виться судьбе?!
Вот, приедут наши дети, –
Есть квартира и у Пети”.
Если б, вдруг бы, о́жил Алик,
Он бы вновь в могилу лёг:
Всех афе́р таких детали
Он бы, пережить не смог...

*****

Петя – парень удало́й!
Все проблемы он решает.
Вечно крутится “юлой”,
Опыт свой всем предлагает.
Он – смека́лист и речи́ст,
Повар он, лихой таксист.
Танец он, любой станцует
(Чем нас часто интригует).
Он – садо́вник, он – спортсмен.
В общем, Петя – супермен!
Современный он герой!
Станем за него “горой”!

*****

Могу я та́нго станцевать
Вприсядку, очень быстро.
Я попрошу меня считать
Заслуженным артистом.
Мне и “Семь со́рок” по плечу,
И “Краковя́к” и “ По́лька”.
Станцую всё, что захочу!
Вы закажи́те только.

*****

Мы знаем: не только в мае
Цветут цветы в Калифорнии.
Ты, Шурик, вместе с Маей
Всего добивайся упо́рнее.

*****

Крюков! Рядом с такой, как Света,
Ты, – как за стеной кирпичной.
И рыбная ловля, почти до рассвета,
С уло́вом бывает приличным.

*****

Костя в США приехал из Баку́.
Он упрям, как дети все Востока.
Хоть крути дыру́ ты на боку, –
В уговорах наших – мало про́ка.
Просим мы: не вешайте бельё
Впереди, у всех на обозренье.
Но, поро́сшее преда́нием "бы́льё"
Так, порою, портит настроенье.

Львовский оперный театр

Про Политику

Перед нею все поме́ркли,
Лучший канцлер в мире – Меркли!

*****

На предвыборной стези́
Подскользнулся Саркози́.

*****

Звуки детства и там – та́ма
Вспомнил президент Обама

*****

Мозг для вы́думок – бескра́ен…
А зовут его – Пол Раян.

*****

В Риме в пе́не мчатся кони!
Кто в упря́жке? – Берлуско́ни!

*****

"Не забуду, всё припо́мню"! –
Угрожал России Ро́мни.

*****

Не блондинка, не шате́нка...
Украи́нка Тимошенко!

*****

Кто сказал, что ча́чу пи́ли
И с Россией дружно жили?
Михаил Саакашви́ли!

*****

На политики распу́тьи
Власть – “Медведю” переда́л.
Президент, Владимир Путин,
Сам себя переизбра́л.
(Было так необходимо).
А зовут медведя – Дима!

*****

Наш министр на всё готов:
Звать его – Сергей Лавров.

*****

Сабча́к сказала, Ксения,
(Хоть у неё акцент),
Что он роди́лся в Ке́нии:
Обама, президент.
И, тут, вдруг в воскресенье
Сам Трамп мне позвонил
И факт рожденья в Ке́нии
Дословно подтвердил.

Возникли сразу мнения
И споров жарких пыл,
Что факт его рождения
Совсем не в Шта́тах был...
Он – в диком настроении,
Обаме – свет не мил!
День своего рождения
Он взял и – отменил!

*****

И сказал Обама Ро́мни:
"Ты, прохво́ст, меня запомни!
Даже, если проигра́ю,
Жить тебе не дам.
Знай, что самый я зловещий
Изо всех Оба́м".
Мит тогда ему ответил:
"Хоть я и мармо́н,
Знай, что, ни за что на свете
Нанести́ уро́н
Не позволю нашим Штатам!
Коммунизму – "нет"!
Всем твоим "великим датам"
Передай привет!
Лютер Кинг – хороший парень,
Я скажу – герой.
Но, про Ро́дни ты, пожалуй,
Те́му то, закрой.
Хватит! Ты четыре года
Управлял людьми.
И для бла́га всех нардов,
Спесь свою уйми!

*****

Мы так уважаем Обаму,
Как будто родную нам маму.
Он многое сделал для всех, для нас.
Его “обожает” средний класс!
Кубинцы и мексиканцы,
Другие “лати́нос”, “засра́нцы”
Хотят только “социализм”.
Откуда такой критини́зм?
Любимый, чудесный Обама!
Мише́лл твоя – первая дама,
Вы “тёмные” очень в политике,
Но трудно подве́ргнуть вас критике.
А может быть, это возможно?
Пожа́луй. Но – осторожно.

*****

Какой же ты “Засра́нище,”
По счёту крупному.
Ты ве́рен иностра́нщине
Совсем по-глупому.
А разные названия –
Сплошной “английский”;
Плакаты и воззвания,
Посмо́тришь близко:
Сплошная иностранщина.
Эх ты, Россия!
Везде одна “засра́нщина”,
О, “Мама ми́я”!
На вещи, в мире, разные –
Взгляд о́чень узкий.
И мысли – безобразные...
Какой ты русский?

Латинский кафедральный собор (Архикафедральная базилика Успения Пресвятой Девы Марии), Львов, Украина.

И, ещё…

Твои роскóсые глаза
Меня нисколько не смути́ли.
Их томный взгляд мне рассказал
О том, за что их так любили,
За их такую глубину́,
Что утонуть – вполне возможно.
Я в них, пожалуй, загляну́,
Но, только очень осторожно...

*****

“Луи́ Витóн” ей так идёт!
И шляпка к сумке подойдёт.
У туфель – сказочный дизайн,
И ку́плены они “он-лайн”.
А платье – от “Версáчи” бы́ло.
Наряд – прекраснейший, однако:
Одéто в нём –”свинóе рыло”,
Гуляющее по Монако...

*****

Не вижу, что-то, по вашей рóже,
Что вы – намного меня моложе.
Есть седина в волосах ваших тоже,
Ну, и конечно, – морщины на коже.
Вижу, в глазах ваших, áлчность и лесть;
В вашем, любом, они возрасте есть...

*****

Мне так далеко до Га́фта...
Поэт он, талантливый очень.
Хотя, бывает и “Ка́фка”
Гречневой, между прочим.

*****

Поэтом можешь ты не быть,
Но рифму соблюдать обязан.
При этом должен позабыть
Слова, которыми ты с “фе́ней” связан.

*****

Что ж, к ра́нгу “чувственных” искусств,
Поэзию я приобща́ю.
Своих эмоций не стыжусь:
Когда стихи свои читаю,
Я пла́чу от избытка чувств
И слёз своих не замечаю...

*****

Индюшка то́же торопилась...
Все знают, что́ потом случилось.

*****

Нахальство видел я, не ра́з;
Хотя, и сам я не безгре́шен.
Твоё – ну просто высший класс,
И, от него, я – безуте́шен.
Пытаюсь что-то возразить, –
Дар ре́чи просто пропадает.
Хочу тебя остановить,
Но, тще́тно. Кто ж тебя не знает?

*****

Плохая ты невесте мать:
Не честно поступа́ешь ты.
Коль дочку замуж выдавать,
Купи ей платье и цветы.
А, где ж прида́нное твоё,
Обе́щанное жениху?
И где постельное бельё,
И одеяло на меху?
А, где кофейный твой сервиз
И торт, обещанный тобой?
Поту́пив взгляд, ты смотришь вниз,
Качая гордо головой...

*****

Ах, дядя Петя, что ж ты, Петя...
Не знаю, как тебя назвать.
Почти на всё, что есть на свете,
Тебе, конечно, наплевать.
И мне – обидно, но, очевидно
Тебе не нужно ничего.

И, нет сомнений,
Других нет мнéний:
Такое, видно, – ты существó...

*****

Ах, дядя Ваня! Утром ранним
Вчера с работы ты убежал.
И, в тёплой ванне, и на диване
Ты целый день так и пролежал.
И, ты не скроешь: не беспокоят
Тебя, компании твоей, делá...
И мне – обидно, но, очевидно,
Тебя напрасно, мать родилá...

*****

В это утро недоброе,
Слышал при́тчу одну:
“Настроение бодрое,
Но, идём все ко дну”...

*****

Рот открыл он от испуга:
Вдруг, увидел в них – собак.
Громко лают друг на друга,
Если что-нибудь не так...

Один из львов у входа во Львовскую Пороховую Башню. Лев, безусловно, является основным и самым впечатлительным символом города.

Поздравления

Вечно молодой и милой
Обаятельной, весёлой, озорно́й!
Пусть в тебе всегда найдутся силы,
С нами и без нас, но быть такой.
Ласковой, смеющейся Розане
Что хотим сегодня пожелать?
Ей же "...на́дцать стукнуло" опять!
Будь же остроу́мна, как Хаза́нов,
Беззаботна, весела́, как в "пять".
Побежда́й всегда пространство, время,
Только "чур" – друзей не забывать!
Пусть тебя одно заботит бре́мя:
Нас, друзей, почаще принимать.

Розане
1977

*****

В кварта́лах знойного Ташкента,
В таком пустынном городке,
В семье почти интеллигента,
Вы в муках (может налегке),
Неважно как, но Вы роди́лись.
В большой, не на́божной семье,
Где пра́вил атеизм – молились
О Вашей будущей судьбе.

А может было всё в Одессе
(В душе Вы всё же одессит).
И Молдова́нка и Пере́сыпь
Лос Анжелесу подтвердит?
Всё это – шутки. А серьёзно:

Поздравить Вас хотели мы.
Нам очень жаль, немного поздно,
Но от души примите Вы
Все наши чувства, пожеланье
Жить долго, сча́стливо, в любви.
Вы приложи́те лишь старанье.
Всё остальное – “Се Ля Ви"!

т. Ро́зиному Моне

*****

Бывают взлёты и паденья,
Прямолинейной, жизнь не станет.
Всегда, в ней есть свои ступени...
Держи улыбку, настроенье
И, будь здоров и сча́стлив с Таней!
Ступени – вверх, ступени – вниз...
Держись, Борис!

*****

Живи (но больше не расти́)
Лет, э́дак, до ста двадцати!
Рессурсы все в кулак собрав,
Показывай весёлый нрав.
Будь бодр, крепок и здоров.
Чтоб было меньше докторов,
К которым ходишь иногда.
А возраст – это ерунда.

*****

В семье́ у нас сегодня юбилей:
Отцу, супру́гу, деду – шестьдесят!
В кругу родных, в кругу друзей,
Мы думаем, ты будешь очень рад
Приня́ть подарки, наши пожеланья
Здоровья, бодрости и радости труда.
Мы верим, что прило́жишь ты старанья,
Чтоб быть таким счастливым навсегда!

*****

Пусть будет в жизни путь большой.
Сомнений нет: он будет звёздным!
Старайся не стареть душой,
Быть юным – никогда не поздно.
Пусть много будет впереди
Событий радостных и важных,
Но, главное, – себя найди:
Так сможет далеко не каждый.
Задатков много у тебя,
Не расстеряй их по дороге.
Нуждаться будешь ты в подмоге –
Поможет вся твоя семья.

Лёне

*****

А вам сегодня – только “...на́дцать”.
Пусть что угодно говорят,
Никто не будет сомневаться
Уже который год подряд:

Вы мóлоды и симпатичны,
Вы элегантны, энергичны,
Хоть внуки вы́сстроились в ряд.
Так пусть же будет так всегда!
Да здравствует наш юбиляр!
Гип-гип, Урра!

*****

Пусть сегодня день холодный,
Осень зóлотом горит.
Люд собрался благородный,
Лишь о Вас он говорит.
В день такого юбилея
Вас пришли все поздравлять.
От вниманья щёки рдéют,
Глаза радостью горят.
Что нам золотая осень,
Если золото всё – в Вас?
Мы настойчиво Вас просим:
Будьте счастливы, как в восемь,
В девятнадцать, и – сейчас!

*****

Пусть в Вашей жизни и судьбе
“Семёрки” эти появились.
Но это – только цифры две,
Вы – всё такой, не изменились.
Вы – Ваншельбáум Константин,
В Лос-Анджелесе – лишь один!
Вы – замечательный сосед,
Таких в районе больше нет.

А мы, соседи за стеной,
(Мы же в “комью́нити” одной)
Что пожелать мы Вам хотим,
Сосед наш добрый, Константин?
Здоро́вы будьте Вы всегда,
И не сдавайтесь никогда.
Пусть внуков будет целый рой.
Пусть встанут все за Вас “горо́й”.
Пусть ши́рится о Вас молва,
Ведь Вы, семьи большой – глава.
Сосед хороший, это – честь.
Мы рады, что Вы рядом есть!

*****

Сегодня – ваш праздник любви и весны!
У женщин повсюду улыбчивы ли́ца.
Весною сбываются лучшие сны.
Давайте, мужчины, поможем им сбыться!
Подарим всем нашим любимым цветы.
Подругам и мамам окажем вниманье.
В них столько душевности и красоты,
Заботы о нас и, всегда пониманья.
Давайте не будем мы их огорчать.
Их грустными видеть – совсем не годится.
И пусть остаётся улыбки печать
На милых, родных, не стареющих лицах!

1971

Доминиканский монастырь и собор. Львов, Украина.

Шутки

Мне в по́ле повстречался вчера один узбек.
Мне сразу показалось, – плохой он человек:
Одет был в тюбете́йку и стёганный халат,
Но там, из-под халата видне́лся автомат...
Скажу, для террориста, конечно, – компромат.
Уже потом, в лесу, мне встретился кирги́з.
Его, изме́рив взглядом почти-что сверху вниз,
Я сразу догадался: он – во́все не пастух,
Увидел я гранаты... Мой взгляд совсем поту́х.
Потом я встретил русского с огро́мнейшим дубъём.
Он сви́стнул залихва́тски, почти что соловьём,
И, взяв свою дубину, он начал ей махать...
И понял я, что время пришло мне умирать!
Но, из кустов дремучих, вдруг выскочил еврей.
За пла́ту небольшую, лишь тысячу рублей,
Он предложи́л мгновенно меня от всех спасти,
Что б мог свои я ноги скорее унести!

*****

Ефим увлекался машинами страстно.
В деталях машин разбирался прекрасно.
Механикой гре́зил он ночью и днём.
Он просто сиял, когда был за рулём.
Нащу́пал, во сне, он у спящей Сары
Глаза. И подумал, что это – фары.
К объекту всем телом придвинулся ближе.
Ефима рука опустилась пониже.
Невольно пощу́пав, решил: “Между прочим,
Резина на бампере мягкая очень”.
Блуждала рука и на что-то наткнулась...
Вдруг, страшная мысль в голове шевельну́лась;
Пощупал и, в ужасе резко вскочил:
“Гаражные двери закрыть я забыл”!

*****

На нём сверка́ли, словно на картинке,
Недавно ку́пленные, новые ботинки.
И был он голым, почему-то, совершенно...
Увидел это маленький сынок,
И, вдруг зада́л вопрос свой откровенный:
"А что это виси́т там, между ног?"
Пытаясь объясненье дать посту́пку,
(Он лучше, видно, выдумать не смог),
Сказал, что это – указатель на покупку.
Но, тут жена вступила на порог.
Её совет сакрамента́льным был:
"Ты б, лучше, шляпу новую купил!"

Апрель, 1997

*****

Газы мучают меня!
Так попу́кать хочется...
Но, я, всё-же, – не свинья,
По имени и отчеству.
По́ртить воздух не хочу.
Им мы, всё-же, – ды́шим.
Поворчу и промолчу,
Что б никто не слышал,
Как страдает мой живот
От давленья газов.
Нужно сделать что-то, вот
С э́такой заразой!

Знает кто, какие му́ки
Испытать пришлось бы мне,
Что б, не дай бог, мои “пу́ки”
Прозвучали в тишине?
Лучше, где-то в уголке,
Где никто не слышит,
Пу́кнуть. Смыться налегке́,
Пусть другие ды́шат...

*****

Пейте, девочки, коньяк:
Помогает!
Он проблемы, просто так,
Все решает.
Головную боль в момент
Убирает,
И мужчин на комплимент
Направляет.
А, не пьющие коньяк –
Созерцают.
Лишь о ка́йфе в личной жизни
Мечтают...

*****

Если только захочу,
Подарю тебе свечу.
Только не ана́льную,
Свечку – ханукальную!

*****

(На украинском языке)

Давно́ взуття́ я нэ взува́в,
Що в нёму до тэбэ́ ходы́в.
Я в и́ньшому промандрува́в,
И та́к нико́го нэ любы́в.
Давно не одяга́в пальто́,
Що так любы́ла ты його́.
Пальто́ нэ ба́чыв би́льш нихто́.
Для чо́го це? Чому́? Чого́?

*****

Стои́т погода, то, что надо,
И, вновь "крестья́нин" торжествует:
Приехал ро́дич из Канады;
Он что-то нам "запрезенту́ет"!

*****

Я встретил Вас среди колбас
И прочих, разных угощений.
Вы – пили пиво, или квас,
Жуя́ там, что-то из солений.
А, на столе, в том "Оливье",
На огурце, сидела муха.
Хотел я взять его себе,
Но, вдруг, такая вот, "непру́ха"...

*****

Четыре доллара – цена хорошая.
Я рад, что больше он, не попроси́л.
Кальсо́ны белые, почти не но́шены,
А, может во́все он, их не носи́л?
Я не хотел его, томи́ть расспросами,
А, просто и́скренне, благодарил...

*****

Мы на “Ва́ллы” – наплевали.
Подавай нам – “Голливуд”!
Мы хотим, чтоб рассказали,
Как же люди там живут?
Есть ли трафик? Жи́зни график
Создаёт ли всем уют?
Если да, то мы с тобою
Будем там искать приют!

*****

Ты вчера говорила, что меня не забыла. В чём дело?
Ведь сегодня, увидев меня, ты хвостом завертела?
Как забыть этот вечер, где ты танцевала и пела?
Для меня... А теперь, ты ввиду́ всё имела?

*****

Её высокие, стройные ноги –
Словно спички из коробка́...
Когда шныря́ют по дороге,
То, спотыкаются слегка...

*****

Если же ни “бэ”, ни “мэ”
Раньше был ты всё же,
В год “Козы”, в твоей судьбе
Радость будет тоже:
Если вставишь в резюмé
Хоть немного “бэ” и “мэ”...

*****

Вынуть рыбку из прудá
Можно, в общем, без труда,
Если только динамитом оглушúть...
В рыбной лóвле, динамит –
Очень даже знаменит.
Только “Рыбнадзóр” не разрешит...

*****

Всю диету я нарушу,
Если утром съем я грушу.
Если персик утром съем, –
Пропаду тогда совсем!

*****

Пусть, потрачу я бензин,
Еду в русский магазин.
Там дешевле все продукты:
Мясо, овощи и фрукты!

*****

Заставлять тебя не ста́ну
В “три поги́бели” согну́ться,
Чтобы с полки взять сметану
Производства фирмы “Knudsen”.
Вот на “цы́почки” ты встанешь... –
Сразу смолкнут “кривото́лки”:
Ты любой продукт достанешь
В магазине, с верхней полки.

*****

Вот свети́ло солнце, вроде,
Одинаково для всех.
Но, в соседнем огороде,
Видно, лу́чше, как на грех,
Уроди́лись помидоры,
Огурцы, салат, реди́с.
А меня, уж год который
Ждёт привычный мне “сюрприз”:
Вот, с соседским помидором,
Мой – в сравненье не идёт.
У него, там, за забором,
Красиве́е всё цветёт.
И трава там зеленее.
И, трудов видны́ плоды.
Что ж, там солнце горяче́е?
Лучше качество воды?
Делать я пытаюсь то́ же,
И, с соседом, вроде, схож.
Только урожай мой, всё-же,
Не бывает так хорош.

Удобряю, поливаю,
Не жалею я затрат.
Ничего не понимаю:
Как улучшить результат?

*****

Костел святой Эльжбеты (святых Ольги и Елизаветы) во Львове

Разное

В тебе есть то, что мне необходимо.
Ты мне нужна, но ты проходишь мимо.
Тебе же я – совсем не интере́сен,
Не сла́док я, не со́лон и, не пре́сен...

*****

Всё это – чушь, всё это – блажь.
Когда прочтёшь, то мне отдашь.
Когда прочтёшь – тогда поймёшь,
Что это всё – совсем не ложь...
А, не поймёшь? Ну, что ж…

*****

Я – не “Вели́чество” и не “Высо́чество”,
Но, в общем, я не так уж плох.
Страдаю я от одиночества,
Как самый настоящий “Лох”.
Я ведь доверчивый, но, не заносчивый
И впечатля́юсь я совсем легко.
Порой мне кажется, что было про́ще бы,
От бед уехать мне, так далеко...

*****

Кожа белоснежная
Тро́нута загаром.
Ты – такая нежная,
Но мы с тобой – не па́ра.
Грубо я сколо́ченный,
Дикий нрав имею.
О любви просроченной
Я не сожалею.

*****

Держи дистанцию, себя хоть чуть пожалей.
Ведь жизнь – не танцы, не скоростной фривей.
Не много встретишь, ты настоящих друзей.
Ты, как положено, свою чашу испей...

*****

Когда уйду в безмолвья даль,
Возьму с собой свою печаль...
Без разговоров, слёз, соплей
Мы выпьем.Ты не пожалей:
Пусть сто́ит тысячу рублей.
В последний раз ты мне налей.
За нас мы выпьем, за друзей...

*****

Я с мечтой взлета́ю в небо,
В непредви́денность вдали.
Я лечу туда, где не был,
В географию Земли!

*****

Ощущаю себя одиноким
В мире, где существуют пороки.
Я, конечно, их тоже имею,
Но, я ка́юсь и сожалею...

*****

В среде, в которой обитáем мы,
Порядок и покой лишь воцаря́тся,
Как только наши лучшие умы
За это дело смело смогут взяться.
И, по-возможности, мы все поможем им
Во всех вопросах трудных разобраться.
Тогда, мы, вместе с ними, создадим
Тот мир, которым можно похваля́ться.

*****

(На украинском языке)

Ми впéвнено йдемó до всьóго крóк за крóком.
Для нас завждú існýє лишé однá метá.
Алé, перéд усíм, промóвим: “З Нóвим рóком”!
Бо бýде в ньóму в нáс робóта не простá.
І знóву, як завждú, ми бýдемо єдúні.
Запрóшуем до нáс відóмих всіх музúк.
Давáйте заспівáймо ми “Слáва Украї́ні”
Тай вéсело зустрі́немо ми “Пі́вня” Нóвий рік!

*****

Какое чувство гордое,
И день какой чудесный!
Меня поня́ть вы сможете,
Коль испытáли сáми.
Я миг тот не забуду:
Желанный, неизвестный,
Когда свершилось чудо,
И стали мы отцами!

1975

*****

Зубная боль, как алкоголь:
Подействует и – перестанет.
Однажды, день такой настанет,
Морозов Ви́ктор утром встанет,
А над хмельно́ю головой
Родная крыша не течёт!..
Но, вновь, куда-то увлечёт
Такой знакомый алкоголь,
Который, как зубная боль...

1989

*****

Пол-ве́ка пытался Эйнштейн великий
Пространство и Время соединить…
Открытие сделал сержантик безли́кий,
Когда приказал он траншею рыть
"От кра́я забо́ра, до са́мого ве́чера"...
Феномена́льно! Сказать больше не́чего!

*****

Пьём за то количество,
Что переходит в качество!
За твоё деви́чество
И, за моё чуда́чество!

*****

Если память полиста́ть
Осторожно,
Буду что-то вспоминать:
Всё – возможно.
Ничего я не забыл,
Пусть ребёнком,
Только помню, что я был
Октябрёнком.
Был и я, мои друзья,
Пионром.
И горди́лся очень я
“Эс-Эс-Эс-эром”.
Если линией идти
Комсомола,
Будет точно в том пути
“По́па го́ла”.
Коммунизм вёл нас всех
К высшей цели.
Не достигнут был успех,
Не успели…
Мы вертелись в колесе
Еле - еле.
Как мне ло́зунги их все
Надоели!
Коммунистом не был я:
Не хотелось.
Изменилась жизнь моя,
Завертелась.
Перестану вспоминать:
Надоело.
Лучше выйду погулять:
Тоже – дело!

*****

Каждый делает себя в жизни – зна́чимым.
В бизнесе: успешным, уда́чливым;
Для друзей: поте́шным, “взлохма́ченным”,
На диету севшим, накаченным.
И, для женщин – только любимым,
Лишь единственным, незаменимым...
И, отбросив дурное влияние,
Подготовится нужно заранее.
Прилож́ить нужно только старание
И – исполнится ваше желание!

*****

Любовь, у каждого – своя;
Свои́ переживания и чувства.
Любовь – великое искусство,
Которое поня́ть нельзя...

*****

Фонтан "Амфитрита" на площади Рынок, Львов

Наш дом, на улице Котляревского, в котором мы жили последние 12 лет до иммиграции в США в 1991 году. Львов, Украина.

ГЛАВА 3.

ТОГДА МНЕ БЫЛО ТОЛЬКО “...НА́ДЦАТЬ”

Владимир Шпанер, выпускник Львовской средней школы № 27. 1966

Я всё пытался разобраться

Я всё пытался разобраться
И юности найти штрихи́.
Тогда мне было только "...на́дцать"
И я писал свои стихи...
Я был неопытен, но всё-же,
Старался рифму сохранить.
Но, в голове, одно и то же
Звучало: "быть или не быть"?
Писать, или совсем не сто́ит?
Но мне "писа́лось", всё равно.
"Что этот из себя там стро́ит?" –
Вопрос был за́дан, и давно.
Стихи показывал кому-то,
И жёсткой критика была́...
Но я, с упрямством, почему-то,
Творил "писа́тельства" дела.
Бывали о́тзывы и ле́стны.
Но важно: кто же ваш судья?
Здесь дифира́мбы не уместны:
Арбитр главный – это я.
Мои благи́е начинанья
Остались в памяти моей.
Храню фрагменты пониманья
Моих, тех юношеских дней...

Я, к счастью, всё-же сохранил
Далёких дней следы творений.
И напечатать не забыл,
Хотя бы, часть стихотворений.

А может всё окажется фактически иначе

А может всё ока́жется фактически ина́че?
И наша жизнь вращается на триста шестьдесят,
И должен ты решить сложнейшую задачу,
А может быть и множество таких задач подряд.
А если просто станет вдруг “невмо́чь”
И жить, и радоваться, – много разных “вдруг”.
Я знаю, что сумеет мне помочь
Любимая – мой самый лучший друг!
Она поймёт, простит, покажет, если надо,
Решит с тобой сложнейший твой вопрос.
И разве есть на свете хоть одна награда,
Которую ты б ей не преподнёс?
Что, если, вдруг и с ней беда случи́тся?
Сумеешь ты достойно поступить?
Всё сделать для неё, всего добиться,
Любовь и уваженье заслужить?
Жизнь бу́рная, кружи́тся круг за кру́гом.
Любовь другая, вдруг придёт к тебе.
Ты сможешь оставаться верным другом
И честным быть наперекóр судьбе?
Ты, жизнь, кружи́сь. Так хочется мне верить
В любовь и счастье. С ними – легче жить.
Не хочется, чтобы пришлось проверить:
Как можно в жизни без любви прожи́ть?

1965

Вот зиме конец настал уж

Из моих детских восспоминаний...

Весна

Вот зиме конец настал уж.
И последний месяц зимний
Всё собрал в свою котóмку:
Вéтры все и все метели,
Все морозы, снег и йней.
Всё собрал он и ухóдит,
Уступая своё место
Жизнерадостной природе.
Вот уже весна подходит
С яркой, солнечной улыбкой
И котóмкой на плече.
Да, весна тут не “зевает”,
Она прямо на подхóде.
Вдруг мешок свой расскрывает,
И дары свои ссыпает
Свежей, утренней природе.
На реке стал лёд ломаться
И бурлит, кипит она.
Птицам скоро возвращаться
С юга тёплого пора.
На пути своём конечном
Льдины бешенно играют,
Под водою исчезают,
И дают простор широкий
Для весенних волн беспечных...
Из-под белого покрóва
Ручейки вдруг показались.
Меж деревьев поигрались
И текут в большую воду.

И своим весёлым звоном
Наполняют всю природу.
Вот, трава зазеленела
На лужайке, тоже новой.
Расцвели цветы игриво.
Всё так ми́ло и красиво.
В ясном небе бирюзо́вом
Птица радостно запела.
На деревьях “бу́хнут” почки.
(Раньше в спя́чке их “держали”).
Вот уж первые листочки
В ветре свежем задрожали.
В небе жаворонок новый,
Новой песней отдаётся.
Лист на дереве кленовый
От порывов тёплых ве́тра
На ветвя́х зелёных гнётся.
Дождь весенний, первый, тёплый
Всё в природе оживля́ет
И сухого на земле он
Ничего не оставляет.
Вот прошёл он. Солнце вышло
Из-за тучек серебристых.
И весенними лучами
Освещает птичек быстрых.

1963

Дороги. Большие дороги

Дороги. Большие дороги.
Как много есть их на свете.
Веду́т нас по ним наши ноги,
Бреду́т по ним взрослые, дети.
Тропинка ли узкая вьётся,
Шоссе ли ведёт нас вдаль,
У каждого сердце бьётся,
У многих но́ги, как сталь.
Вперёд, к жизни светлой, хорошей
Строитель советский идёт.
Цена же тому́ пол-гро́ша,
Кто с этой дороги свернёт.
У нас есть такие, их мало
Есть в нашей Советской стране.
Во что бы им то ни ста́ло
Хотят помешать тебе.
Хотят помешать жизни лучшей,
Хотят помешать стране
Быть дружной, большой, могу́чей,
Противостоя́ть войне.
Плохих людей у нас – едини́цы.
И все должны это поня́ть:
Наша страна всегда стремится
Таких перевоспитать.
И каждый должен отлично трудиться,
Идти по дороге нашей вперёд.
Чтоб результатов скорее добиться
Смог весь наш советский народ.
И, все недостатки исправив скорее,
Давайте, друзья, отправимся в путь,
Уве́ренной по́ступью, смелее.
Мы сможем за горизонт взглянуть.

Дороги. Большие дороги.
Их много на белом свете.
И пусть не устанут но́ги,
Они – за наш путь в ответе.

Дороги! Вы к миру нас приведи́те,
Но мы не забудем о прошлой войне.
Дороги, вы к счастью курс укажи́те.
Пусть люди прекрасно живут на Земле!
Но каждый должен отлично трудиться,
По жизни только идти вперёд.
Чтоб смелых свершений всё-же добиться
Смог весь наш советский народ!

1964

Если б ты услышал музыку

Если б ты услышал музыку ту ди́вную, в саду,
Ты бы по́нял, что останусь слу́шать я, и не уйду.
Всё ещё жива́ та музыка в душе моей.
Разве можно без неё прожи́ть хоть пару дней?

Твоё тихое дыхание над моей щекой.
Если б знала я заранее, что ты весь такой?
Тихий у́валень мой ласковый, ближе всех родных.
Покупа́ешь меня ла́сками, как чужих, других.

То была́ ошибка страшная, ты меня прости.
Всё позволила напрасно я... Дай же мне уйти...
Не могу я больше мучаться, это всё обман?
Может, всё-таки, полу́чится, наш с тобой роман?

1967

Звонок привычный, простой телефонный

Звонок привычный, простой телефонный,
Пять простых поворо́тов ди́ска.
Сначала слы́шен гудок монотонный,
Ты трубку берёшь – и уже ты близко.

И вновь я слышу родной голос твой,
И сразу ты стала намного ближе,
Совсем не так, как кто-то другой.
Мне очень жаль, что тебя я не вижу.

О, техника! Вя́ло ты развиваешься.
Где же он, ви́део телефон?
Если делать его не собираешься,
Тогда будет сде́лан мно́ю он!

1964

Лунная дорога

Дорога вьётся, уходит вдаль.
Пока до тебя далеко.
Стараюсь скрыть разлуки печаль,
А это мне не легко.

Но, всё равно я тебя найду
И встречусь с тобою опять.
По лунной дороге к тебе приду,
Чтобы тебя увидать.

Пусть вьюга воет и снег метёт,
Пусть буря сбивает с ног.
Уйдём мы с тобой, это время придёт,
Одной из счастливых дорог.

По лунной дороге мы вместе пойдём,
Луна нам светúть будет вслед.
По этой дороге мы к счастью придём,
Сильнее любви нашей нет!

Из репертуара нашей группы
(Ю. Шариков, А. Парщик и я)

1965 – 1966

Москва! Старинный город русский

Москва! Старинный город русский,
Ты – наша гордость и свобода!
В Москве, Наполеон французский
Еди́нство видел русского народа.
Твой основа́тель – Юрий Долгору́кий
Верши́л здесь добрые, великие дела́.
К тебе захватчики свои тяну́ли руки.
Заветной целью ты для всех была́.
Но, ты России имя отстоя́ла.
Любых врагов всегда ты победишь!
В веках жила́ ты, кре́пла, процветала
Свободной, гордой. Так ты и стои́шь.

1964

Нет войне!

Мне вот уже трина́дцать лет
Ему – чуть меньше, но и мы,
Своё решительное: “Нет”
Сказать со взрослыми должны.
Мы родили́сь не для войны,
Не для того, что б воевать,
А для своей родной страны.
Мы сможем смело ей сказать:
“Всегда готовы! Посылай
Туда, где мы теперь нужны́.
В любой, холодный, тёплый край”.
За всё мы Родине должны.
Должны за то́, что в мирный час
Мы родили́сь. За то́ должны,
Что Родина учила нас,
Что мы не видели войны.
Отец мне говорил о ней,
И, в школе все учителя́.
Чтоб ненавидели сильней
Войну и он, и ты, и я.
Ты покажи рисунок бомбы
Ребятам мира, и, в ответ,
Услышишь ты, как гря́нул гром бы,
Их миллионный голос: “Нет”!
Француз, японец, русский, чех
Рисунок бомбы зачеркнёт:
Лишь много горя для нас всех
Такая “шту́ка” принесёт.
И в мире, каждая страна
Должна те́м пыл их охлади́ть,
Кто слово страшное: “Война”
Нам хочет помешать забыть!

1961

О настоящем человеке

Тихо в лесу, лишь стон еле слы́шен.
Лётчик лежит у высокой сосны.
Ветер весенний ветки колышет.
Чувствует всё наступленье весны.
Думал лётчик и жизнь вспоминал,
Думал он о детстве своём.
Как он, мальчишкой, летать мечтал,
Вырос, учиться в Москву убежал
С другом – соседом вдвоём.
Там он окончил лётную школу.
Вскоре летать он стал.
В отпуск приехал, в свою деревню
И там о войне он узнал.
Лётчик вернулся в часть родну́ю,
Ночные задания стал выполнять.
Стал он в небе Москву ночную,
Столицу Москву от врагов охранять.
Немцы упорно к Москве приближались,
Были жестокие бои.
Лётчики наши не высыпáлись,
Не покидáли машины свои.
Однажды в бою, это было – “рóком”,
Схвати́лся с врагом он, один на один,
Но, был он сбит в бою жестоком,
Упал в лесу и остался один.
Опомнился он у медвежьей берлóги.
Хотел приподня́ться, попробовал встать,
Но, в у́нтах не дéйствовали ноги;
С трудом удалóсь ему у́нты снять.
Он встал, и, сжав зубы, идти попытался,
Но тут же упал, словно сам не свой.
И долго он так на снегу оставался,
Пока не услышал звериный вой.

Последним усилием он приподня́лся,
Увидев медведя, упал опять.
Увидев добы́чу, зверь приближался,
Но лётчик в медведя стал стреля́ть.
Истратив все силы, опять он упал;
Очнулся и стал ползти́.
По несколько метров он в час проползá л
По трудному пути...

Не оконченное
1963

Осень и Зима

Осень

Уже с деревьев листья опада́ют,
Стоят деревья го́лы и пусты́.
А по ночам все лужи замерзают;
Всё “пахнет” наступлением зимы.
Дожди всё льют и солнце реже “всхо́дит”.
На улицах и сыро и темно.
И день быстрее всё проходит.
И птицы улетели все давно.
Везде уже настал осенний холод.
Медведь в берлогу спать уже залез.
Для птиц нена́стная пора, конечно, – го́лод,
Поэтому так опусте́л весь лес.
На озере осеннем рябь играет.
Поблёкшие цветы сплели́сь с травой в узо́р.
А с дерева поледний лист спада́ет,
Дополнив жёлтый лиственный ковёр...

Зима

Вот зима уже наста́ла
В своей пышной красоте́.
Пред природою предстала
В белоснежном серебре.
Ярко-белые снежинки
В вихре радостном кружа́тся.
Стали снегом все тропинки
И дорожки покрываться.
А огромные деревья
Чёрно-белыми все стали.
Звёзды, как большие льдинки
В тёмном небе заблистали.

И пухóвым вдруг покрóвом
Снег укрыл домов всех крыши.
И, в своём наряде новом,
Все домá зимою дышат.
Льдом река уже покрылась,
Леденеют водоёмы.
Вот, соснá лишь сохранилась
Из дерéвьев всех зелёных.
Солнце светит, но не грéет.
Вдруг мороз трескýч ударил.
Рано здесь зимой темнеет.
От мороза все деревья
По ночам трещáть так стáли.
Снег засы́пал в лес дорогу.
На охоту волк собрáлся.
А медведь в свою берлóгу
До весны уже забрался.
Лес совсем спокойным стал;
Спрятались лесные звери.
Заяц “шубку поменял”,
Не страшны́ ему метели.
И, попóлнив кладовы́е,
Белка тоже спать забрáлась.
Будто зимовать впервые
В зимнем царстве собиралась.
Дети с радостью на санках
И на лыжах с гор летели...
Завтра – в школу спозарáнку.
Завтра – новый день недели!

1962

Пока гулять ещё не во́лен

Пока гулять ещё не во́лен,
(Ведь я ещё немного болен),
Тебе звоню, чего же бо́ле,
Что я могу ещё пока?
Теперь в твоей я, Лена, воле.
До очень скорой встречи в школе,
До са́мого, до четверга́.

Я – не поэт, “невольник че́сти”
И, во́все я не собираюсь
“Убитым быть” из чьей-то мести;
Поэтом быть и не стараюсь.
Не говорю я о поэтах,
Но чувства выразить свои,
Хотя бы, в нескольких “купле́тах”,
Хотел бы тоже. Да, мои...
Как это сделать? Я молчу.
Но я сумею... А сейчас,
Вопрос зада́ть тебе хочу:
О нашем будущем, о нас...

1965

Потерянное сердце

Что случилось с тобой, мне ответь.
Ведь когда-то ты было горячим.
Ты стремилось так ярко “горе́ть”
И любить только с полной отдачей.
Ведь в тебе было столько любви,
Сколько ка́пель в шампанском искри́стом.
А теперь, ты с тоской “се-ля-ви́”
Повторяешь за мной, пессимистом.
Сколько было в тебе доброты́,
Сколько радости тихой и нежной?
А теперь очерстве́ло ты
Словно в му́ках печали безбрежной.
Ты любило весь род людско́й,
Говорило, что всё – прекрасно.
Всё прошло́ и теперь ты с тоской
Утверждаешь, что всё – напрасно?
Что-то с сердцем моим творится,
Непонятные мне явления.
Не могу от него я добиться
Вразумительного обьяснения...

1966

Пусть ты не в форме и погон не носишь

Пусть ты не в форме и пого́н не носишь.
Ты, в мирный час, – на фронте трудово́м.
Но, если враг ворвётся в о́тчий дом,
Ты долг испо́лнишь свой, и ты не спросишь
У совести своей, как поступать.
Ты встанешь в строй и станешь ты солдатом.
Ведь, если нужно, мы умеем воевать!
Ты защити́шь наш труд, поля и хаты.
Пусть в “пирами́дах” будут автоматы.
Солдат ли, генерал, мы все – солдаты.
И, защищая Родину свою,
Все вместе мы находимся в строю!

1966

Сколько песен спето

Сколько песен спето
Про весну и лето.
Ну, а если в сердце
И зимой – весна?
Это значит, – просто встретил ты
Ту одну девчонку из мечты,
И она сумела расстопи́ть
Лёд твоей души́.
И, хотя, на улице мороз,
Я пою о нежности берёз;
И букет огромный алых роз
Я тебе принёс.

1965

Спокойна, ти́ха гладь воды

Споко́йна, ти́ха гладь воды
И ширь прозрачная вокруг.
Негромкий звук среди травы
Проре́жет тишь природы вдруг...
Деревья ре́дкие стоя́т
На берегу, вокруг воды.
Своими ветками шумят
Среди кустов, среди листвы́.
Течёт спокойная вода
Среди зелёного ковра,
За лес, за поле, за луга,
Совсем неве́домо куда...

1966

Солнце вышло из-за тучек

Солнце вышло из-за тучек,
Вышло и горит оно.
Посылает мне свой лучик,
Свéтит прямо мне в окно.

Воздух тёплый. Май стучится,
На пороге он совсем.
Вокруг радостные ли́ца,
Очень весело нам всем.

Всё! Весна пришла, весна!
Хоть и запоздала,
Но, покажет нам она
Всё опять, с начала.

Снег расстаял и трава
Вновь зазеленéет.
И, вступив в свои правá,
Солнце сильно греет.

И, как всегда, из вéка в век,
Проснутся почки сонные.
Для человека – человек,
“Он и она” – влюблённые.

Весна – пора любви, мечты,
Пора свиданий и цветов.
И первый разговор на “ты”,
И много нежных, тёплых слов.

Весна, как солнце, душу греет.
Весна – виде́нье красоты!
И счастье человеческое ре́ет
Над миром, где есть я и ты.

1966

Ты жаждешь нежности и ласки

Ты жаждешь нежности и ласки,
Любви и страсти от него,
От принца из чудесной сказки,
Мечтаний детства твоего.
Я не хотел бы разувéрить
Тебя, в мечтаниях твоих.
О! Если б ты смогла поверить,
Что я – “достóйный твой жених”!

1963

У каждого когда-то

У каждого когда-то детство было.
Любимые сказки, мы помним их
И ты, наверное, не забыла
Из детства любимых сказок своих.
Иван-царевич искал Жар-птицу,
Нам пел Золотой Петушок,
Замо́рские принцы влюблялись в царицу,
Мы любили мальчо́нку того, "с ногото́к".
Мы любили на́ ночь сказку послушать,
Ночами нам снились бои́ героев.
Мы без них не могли ни уснуть, ни кушать...
А теперь, мы стали старше втрое.
Ты всегда любила смелых принцев.
Я всегда влюблялся в королев.
Мы, бывало, к ним в за́мки попа́сть умудри́мся,
Волшебные колечки на пальчики наде́в.
Я сейчас бы в сказку с радостью попал.
Для тебя бы, королевы, подвиги творил.
Я бы принцем, для тебя, возможно, стал,
Я б тебя сильнее жизни полюбил!
Я хотел бы достать тебе Жар-птицу,
И найти для тебя цветочек Алый,
Чтобы рядом с тобой хоть на миг очути́ться,
Пусть короткий, но – чудный, такой "небыва́лый".
Я не принц из сказки детства твоего.
Ты, "снежная принцеса", меня прогна́ла прочь...
И палочкой волшебной не сделать ничего,
И добрый волшебник не сможет мне помочь...

1966

Улицы снегом засне́жены

Улицы снегом засне́жены,
Светит уныло луна.
И, как цветок изнеженный,
Снега “боится” она.

Грустный по улицам я брожу,
Печально смотрю на прохожих.
Но я нигде не нахожу
Таких, на неё похожих.

Да, для меня она – лучше всех,
И я ей сказал об этом.
В ответ прозвучал её звонкий смех,
“Нет” было ответом.

Ты идёшь, улыбаешься
И всё смеётся вокруг.
Глаза опустила, стесняешься:
“А мама увидит вдруг”.

В небе сияет много звёзд,
Но есть среди них лишь две:
Они нам помогут, наш путь не прост,
Свети́ть будут мне и тебе.

Ты, как снежинка нежная,
Как алой розы лепесток.
Ты – как цветок подснежника
С улыбкой, как в заре́ Восток...

1965

Часовой

Ночь опустилась тёмным ковром.
Всё замолчало. Тишь круго́м.
Все уже спят спокойным сном.
Лишь часовой, он в дозо́ре стоит,
Только он этой ночью не спит.
Зорко он смотрит в чёрную даль,
За тёмный, ночной горизонт.
В руках, автомата сжимая сталь,
Он думает: где-то там – фронт.
Испанцы, французы сражаются там;
В Испании братья воюют его.
Они за врагом идут по пятам,
Их цель: навсегда уничтожить его.
Но, что это? Вдруг, он услышал гул;
Сигнал на заставу пода́л.
Вдруг – пуля шальна́я и он – уснул
Наве́ки... А враг уже наступал...
Солдаты заставы с ору́жьем подня́лись
И все уже поняли: это – война!
И долго герои границы сражались.
В историю впи́саны их имена.

Как грозно и страшно звучало: “Война!”
Война – это значит с любимой расстаться,
Оставить своих стариков и детей;
Война – это значит без до́ма остаться;
Война – это множество тысяч смертей...

Часовой – он герой. Он войны не хотел.
Кровь багро́вым пятном его тело покрыла...
Лишь тревоги сигнал подать он успел,
Но его вражья пуля коварно убила.

Он хотел поле́зным Родине стать.
Он посме́ртно героем стал.
Не пришлось ему первой любви узнать.
Над его “похоро́нкой” рыдала мать.

И друзья за него отомстили врагу
В Киеве, под Сталинградом.
Под Москвой вражьи трупы легли на снегу.
Пули мстителей сы́пались градом.

День Победы счастливый пришёл.
И, для нас этот день – дорогой.
Прах солдата могилу себе нашёл
В центре площади, под плитой.
Там стоит обелиск большой
И надгробие с “Вечным огнём”.
“Здесь лежит пограничник – герой” –
На граните написано том...
В День Победы цветы приносить
Будут люди героям всегда.
Нам их повигов не забыть!
Не поме́ркнут они никогда!

1963

Я оставил в памяти наш дом

Я оставил в памяти наш дом,
Девушку, и молодость и счастье.
Тот очаг, что берегли втроём
В дни весёлые, и в дни ненастья.
Я оставил в памяти всё то,
Что так сердцу до́рого, до боли.
Что не в силах замени́ть никто,
Никогда и, даже против воли.
Здесь – мой дом, родители мои.
Здесь – друзья, мечты и вдохновенье.
Здесь, желанья чтоб исполнились твои,
Нужен блат и адское терпенье.
Каждый камень в городе знако́м,
Где бывали встречи и свиданья.
Подступа́ет к горлу горький ком
От виде́нья сцены расставанья.
В жизни, обстоятельтва всегда
Заставляют принимать решенья.
Мы меняем школы, города,
Но бывают, иногда, сомненья
В правильности выбора пути,
И, в поступках, раньше совершённых.
Может быть, удастся мне найти
Алгоритм в проблемах не решённых?
Я уехал, взяв ориентир
На учёбу, новые свершенья.
Я себе придумал новый мир,
Старому он будет в утешенье.
Так уж создан я: что дорого – живёт
В сердце, в глубине души, до смерти.
Я уверен, что меня поймёт
Близкая душа. Вы мне поверьте...

1966

ГЛАВА 4.

Я ПИШУ СТИХИ И НА АНГЛИЙСКОМ…

Лёня, Рита, и я на берегу залива Марина Дель Рей. Лос-Анджелес, Калифорния, США. 90-е годы.

Я пишу стихи и на английском

Я пишу стихи и на английском.
И писать их стал намного чаще,
Вспоминая вдруг о чём-то близком,
Так сравни́мом с жизнью настоящей.
То, что было в прошлом, – позабылось ,
Только счёт продолжился года́м.
Много, в нашей жизни, изменилось;
Но, не столько здесь, скорее – там.
И, когда приходит вдохновенье,
На английском пробую писать.
Было бы желанье, настроенье.
Только слов, порой, не подобрать.
Может просто я не понимаю.
В основном, на русском я пишу.
Снисхожденья – это твёрдо знаю:
Не просил я, и не попрошу.
Да, язык, конечно, иностранный;
Никогда не станет он родным.
И совсем не кажется мне странным,
Что в стихах, он, с русским – не сравни́м.

I am laying in the night

I am laying in the night.
Look, how many stars are bright.
I am looking in the sky,
I would like to live, not die…
I am flying in my dream,
I remember everything.
I am trying to forget
All my past with no regret.
I am dreaming, I can't sleep.
Time is slow and night's so deep.
I've decided, that I fight.
I don't know, am I right?
Fight for life – that's what I can.
I will see, what happens then…

I would like to propose a toast

I would like to propose a toast
For two thousand and seventeen
I would like to wish you the most
And you know just what I mean
I mean better and longer life.
To be happy and wealthy, of course.
Maybe brighter and sharper than knife
And, much greater than I just proposed!

Life colors

Yellow color of the sun
Is the same for everyone.
Color green of leaves and grass
Is the same for all of us.
Color blue of our sky
Everybody lets to fly.
Water color – clear, clean
Always everywhere's in.
Black – is color for the night,
Looks the same on left or right.
Pink – sunrise and red – sunset.
Sun is never going yet.
Air breeze and smell of flowers
Are forever, also ours.
Clear air was created
For the people: loved, or hated.
Human souls on the Earth
Seek one's fortune and success.
Everybody can be hopeful,
But the only thing is awful:
All the destinies of people
Can be never same and equal.
Never life is going flat.
Luck has had no color yet!

September 1997

Some... Different... Not finished

I will remember Switzerland,
But I have only one concern:
I love the city of Lucerne,
One of the sweetest parts of land!

*****

I am walking and you are driving.
I'd like you to give me a ride.
I am hungry, you might be starving.
Let's, just, go and have a bite.

*****

I haven't seen you for so long
And I am missing you so much!
You are to somebody belong
And I don't want your even touch.
Your beautiful and gorgeous eyes
Can lead direct to paradise.

*****

Today is, probably, my day
And just for you I'd like to say,
That I am happy now!
I know, that I have to pay,
I can't avoid it anyway.
Just tell me only how…

*****

This is our and only one way:
To support you, as a Family member.
You can count on us every day.
We are near you – always remember.

*****

I'd like to ask you a little question
About our recent past.
It will be simple, my suggestion,
And mine, the only one request:
Be nice to people all around –
You will receive a big respect.
And you will know, that you found
The way, as matter of the fact…

*****

That house, where lives a widow,
Without jokes I can not pass.
Sometimes, I put my dick in window,
Sometimes, I show her naked ass…

*****

Bumper to bumper. What does it mean?
It means I'm driving on 5 freeway.
Looking inside and moving within,
Without having another way…

*****

I am driving north, of course
I am driving home, along.
There are my wife and kids.
There are – all my needs.

*****

On my long way home
I will never be along.
I will never, I will never, I will never be along.
Try be very smart,
If you're not, please, start.
You will never, you will never, never be so smart…
I am nerve-less, I am shaking,
Anyway, freeway I'm taking.
I am on my way.
I will ever, I will always drive on this freeway.

*****

It's fall already outside.
Inside air condition works.
At 6 o'clock it's almost night
And everything is getting worth…

*****

(Joke)

Look at nice and gorgeous "Ford"
You can easily afford.
Never try to look at "Chevy":
Bad design and very heavy!

What are you talking about

What are you talking about?
What are you trying to say?
So many beautiful things are around,
Don't let them go away.
Let our memory talking,
Maybe, the real comes true…
Possibly, all our dreams are walking,
Distance and time always through.
Time never makes us much younger,
Life is as real, as life!
What could be better and longer,
Forever be HUSBAND and WIFE?!

2002

What can I do

What can I do, what can I say?
I fell in love just right away.
Right in the moment I've seen you,
I had some minutes, just a few.
I saw your eyes, I heard your voice.
I understood: that is my choice.
If this will happen not today,
What can I do, what can I say?
My heart is broken, tank is dead.
My cheeks are getting very red.
My lips becoming hard and dry
I'd like to talk to you, I'll try…
I have a numb and dizzy head.
If I can't talk, I'll die instead.
My dreams are starting their dance.
I will not drop my happy chance!

When all my sadness ran away

When all my sadness ran away?
My nasty dreams and all complaints…
One famous day, the Father's Day,
One – opposite to rainy days.

No matter – sunny day it is,
Or many clouds in the sky,
I'm glad to stay and smile "cheese"
And happy be. At least will try.

In tiny circle, made by kids
I, and my wife, we're doing well.
And all my feelings just proceed
To flower aura we can smell.

This day, I sleep with color dreams,
With hope to be in better health.
I know: happiness begins
With only hope, and nothing else.

You promised me and I believe

You promised me and I believe
That you are going be with me
It's difficult for you to leave
Your love from youth and I'll be
Forever in response to you,
As shadow – yours I'd like to be
As part of you, as blood that flew
You are a destiny for me.

Выпускники UCLA. Саша в 1997 году (верхняя фотография), и Лёня в 2007 году (нижняя фотография). Лос-Анджелес, Калифорния, США.

Глава 5.

Продолжение следует...

(Написано Александром Шпанером)

Мой старший сын Александр, его жена Лена и его дети Ник и Мишел. Сан-Диего, Калифорния, США.

Великий день

Сегодня красное число, число календаря.
Сегодня праздничный денёк 7-го Ноября.
Этот праздник важен не только для меня,
Этот праздник важен для всей страны, друзья!
В этот день свершилась Великая война.
В этот день свершилось свержение царя.

Теперь уж царской власти нет, прогнали мы все беды.
И в день 7-го Ноября мы празднуем победу!

80-е годы

Продолжение следует...

Спартак

Воздвигну памятник в душе тому,
Кто написал сию новеллу.
Я надивиться не могу
Пером искусства Раффаелло!

И вот настанет день и час,
Когда писатель скажет так:
Решил я написать новеллу,
И назову её “Спартак”!

Спартак хотел, чтобы народ свободный
Жил честным, независимым трудом.
Чтоб не было арен, где раб позорный
Закалывал противника мечом.

Спартак с народом жил по чести.
В одном ряду сражался с ним.
И он лелеял чувство мести –
В своих мечтах, к врагам своим.

Он – гладиатор очень смелый
На поединки римлян вызывал.
Слова свои доказывал он делом
И много раз в сраженьях побеждал.

Однажды ранним, жарким утром
Спартак сказал: Пойдем на Рим!
И в это самое мгновение
Казался он непобедим.

Разбили римляне отряд. Убили Спартака.
Он мёртв, но память навека́ останется жива!

80-е годы

На Арбате

На Арбате, в магазине
За окном устроен сад.
А во Львове, в Украине,
Родился отец мой, Влад.

Я такого человека
Не встречал ещё нигде.
Всё умеет он,
И друга, не оставит он в беде.

Руки – просто золотые;
Голова – полна идей.
В сердце – доброта и ласка
И для внуков, и детей.

А стихи “плетёт” – как косы
Только повод подавай!
У него и юмор острый,
Шуткам там не ведом край.

Он сантехник, и механик,
Електронщик, инженер.
Папе всё доступно сделать,
Я с него беру пример.

Всё, за что бы он не взялся,
Он доводит до конца.
Но заслуга его больше:
Это – в качестве отца.

Я тебе желаю счастья
И здоровья от души!
Что бы радовали внуки,
Наши детки-малыши.

Продолжение следует...

Пусть ребёнок на Арбате
Покупает снегирей.
А я лучше выпью с папой:
Нам так будет веселей!

Апрель 2013

Вечерний Львов. Доминиканский и Успенский соборы.

Скажи-ка Мама

Скажи-ка Мама, ведь не да́ром,
Дышав картошкою над паром
Лечила ты детей своих?
Возила ты нас на курорты,
И покупала джинсы, шорты
У спекулянтов, у людей чужих?

Кормила нас деликатесом,
Следив за нашим здра́вьем, весом
В очередях стояла ты, твоя свекровь.
Рассказывала ты нам басни, сказки,
И дети, мы, – не знали ласки
Теплее чем твоя любовь.

А школьные проекты и задачи?
Ты помнишь сколько нервов, плача
Тебе мы стоили тогда?
Но материнскую заботу и упрёк,
Как самый главный жизненный урок
Мы будем помнить навсегда.

И вот теперь тебе уже шестой десяток.
И я скажу вам искренне, без всяких "взяток",
Что лучше женщины и Мамы не найти.
И благодарны мы тебе за то что да́ла,
И продолжаешь делать нам ещё не мало,
И держишь нас на правильном пути.

Твоей любви и доброты – не все это примеры.
Давайте, господа, возмём фужеры,
И пожелаем Маме "нахес" от детей,
А так-же внука, мужа, и друзей!

Март 2009

Продолжение следует...

У меня утечка газа

У меня утечка газа,
Но заметил я не сразу.
Мама с папой говорят,
Что ведь газ то – это яд!

Газ на кухне (а не в теле).
Что же делать в са́мом деле?
Тут лекарством не излечишь,
Не помогут даже свечи.

Нужна мыльная вода,
Ключ, отвёртка и труба.
Газовщик придёт с ответом,
А не с клизмой и советом.

Если в теле много газа,
Ты не слезешь с унитаза.
А на кухне газ горит? –
Не поможет Айболит.

У него – медикаменты,
А нужны ведь – инструменты,
Чтобы что–то поменять.
И не будет газ вонять!

Январь 2016

It is your Day

It is your Day
And I must say,
You should deserve the best:
A healthy life and happiness,
And well.., I hope, – the rest!

Let this be one of many days,
That'll bring you only joy
For Happy Birthday is the time
When smile's the only toy.

I'm grateful for the things you've done
As you were there for me.
So, Happy Birthday, dear Dad
And let those wishes be!

A Running path

The trees and sky – and I am lost
In deity that we call Nature.
Possessed by quiet whispering of leaves,
I now think that life's no longer torture.

A path is running through the trees,
And I'm not afraid to step on it and follow
Desires and ambitions that I have, but
Will it take me? – I do not know.

What do I hear when wind is passing by?
An echo of the times when I was younger?
Or, merely it caresses those ears, for times
Have changed, and I'm mature and stronger?

A path is running through the trees.
Is it there? Is it my imagination?
Am I the first to lead it in the dark?
I see no footsteps and no broken branches.

How will I know where to make a turn?
Can I be sure that I'm not going in circles?
No one will know. There's no return.
My instincts guide me like the holy oracles.

1997

Our Dear Son

Our dear son – you are thirteen!
You've grown up so fast.
You now truly are a "teen",
But don't forget the rest:

We'll always love you, rain or shine
That's what the parents do.
And everything will be just fine,
As we're right here with you!

So, Happy Birthday, lovely boy!
No.., wait, you are a man!
You always bring us so much joy
As if it is your plan.

Be healthy, happy, smile lots!
Great life's awaiting you.
Be "WHO YOU ARE", no "ifs" or "buts"
And love you will find, too.

Life's like a game – teams: World and us.
Best winners play with grit.
As parents, we can "throw a pass",
But you must reach for it.

Your "fumbles" will be overruled.
If not – you'll learn from them.
Strive, focus, yearn, be calm and cool –
And CHARGE the future then!

January 2018

Мы с нашими сыновьями, Сан-Диего, Калифорния, США, 2012.

СОДЕРЖАНИЕ